HISTOIRE

POPULAIRE ET PARLEMENTAIRE

DE LA

COMMUNE DE PARIS

Déposé aux termes de la loi.

PETITE BIBLIOTHÈQUE SOCIALISTE A I FRANC.

HISTOIRE

POPULAIRE ET PARLEMENTAIRE

DE LA

COMMUNE

DE PARIS

PAR

Arthur ARNOULD

Membre de la Commune de Paris.

BRUXELLES

LIBRAIRIE SOCIALISTE DE HENRI KISTEMAECKERS

6o, BOULEVARD DU NORD, 6o

1878.

BRUXELLES. — IMP. A. LEFÈVRE, 9, RUE Sᵀ-PIERRE.

NOTES ET SOUVENIRS PERSONNELS

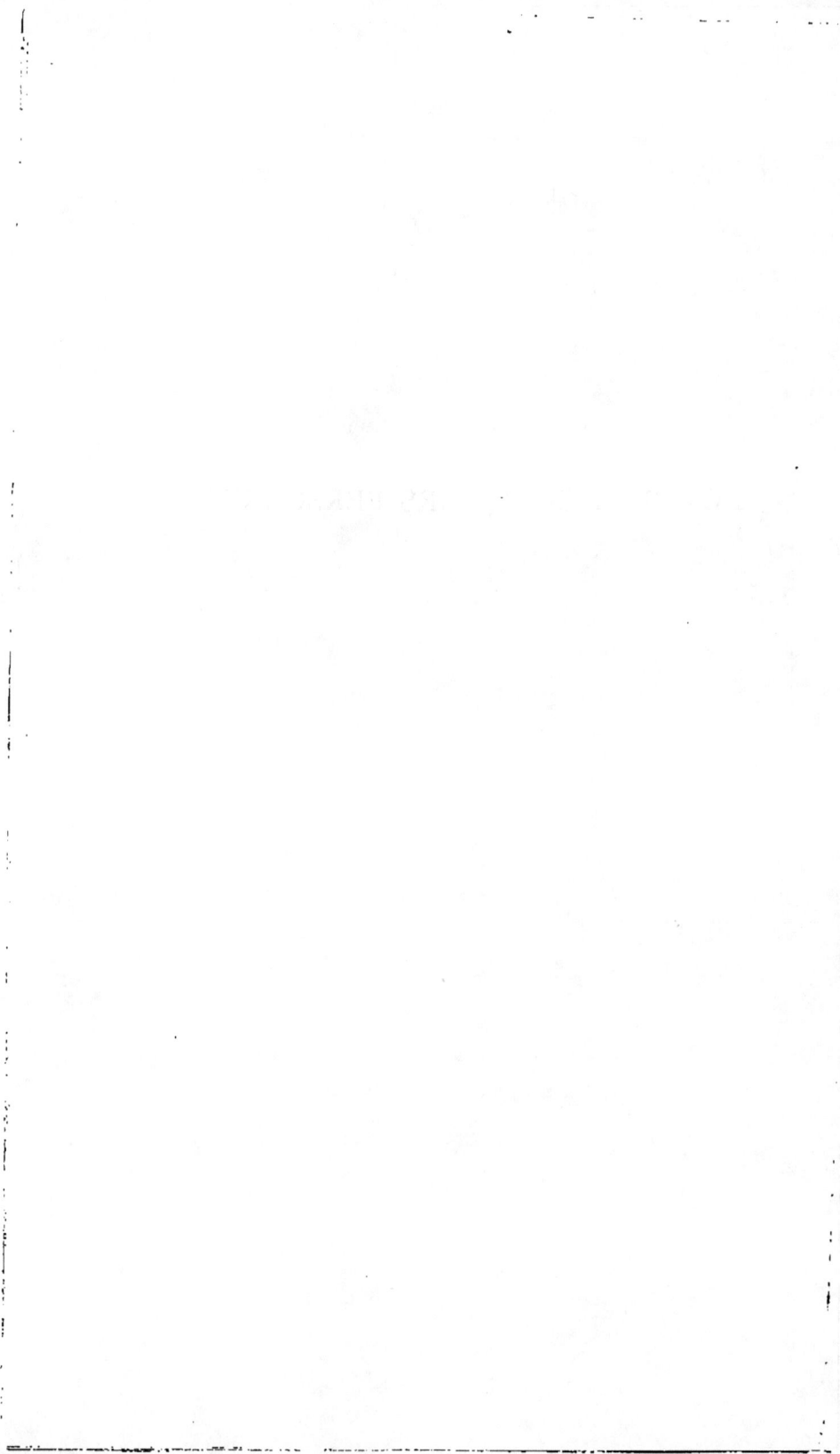

PRÉFACE DE L'ÉDITEUR

Il y a un mois environ nous mettions en vente le premier volume de la Petite Bibliothèque Socialiste. *Ce peu de temps a suffi pour nous donner le droit de dire aujourd'hui que la* Petite Bibliothèque Socialiste VIVRA.

En même temps que les adhésions, les attaques se multiplièrent. La classe qui se délecte de la lecture du Demi-Monde *et de* Mlle Giraud ma femme, *ne put digérer que le prolétaire eût aussi sa Bibliothèque à lui.*

L'Histoire populaire de la Commune *n'était destinée qu'à former le troisième volume de notre collection. Si nous devançons l'époque de son apparition, ce n'est pas seulement parce que le temps presse, parce qu'il est urgent que le peuple comprenne ce que c'était que ce sublime enfantement de* 1871, *mais encore et surtout, parce que nous avons jugé utile de montrer au plus vite à la Bourgeoisie internationale en général, et à l'hypocrite bourgeoisie belge en particulier, combien nous rions de ses viles calomnies, et combien il nous en coûte peu de répondre à son dédain par le défi et le mépris.*

L'Histoire de la Commune, *voilà le cauchemar de la classe exploitante ! — Enseigner à ceux de 1878 ce que voulurent ceux de 1871 — retracer au prolétaire d'aujourd'hui le repoussant et sinistre tableau du privilégié d'hier pataugeant ignominieusement dans le sang du travailleur parisien, — c'est suivre la bonne voie, car c'est là ce que nos ennemis redoutent le plus !*

Et s'il est vrai que dans la libre (sic) *Belgique fleurit une Administration de la sûreté (?) publique, stupidement armée du privilége d'expulser de ce* libre *sol l'auteur de ce volume s'il résidait parmi nous, il est vrai aussi que cette fameuse sûreté est forcée, par un inconscient oubli du législateur bourgeois, de baisser pavillon devant un éditeur belge, et se trouve ainsi dans cette ridicule situation d'être obligée de tolérer les écrits, là où elle s'acharne à étouffer les paroles !*

Et ce, jusqu'au jour béni où une loi, faite par et pour la Réaction, permette d'expulser du territoire...... les Belges eux-mêmes !

Mais en attendant, nous imprimons le présent livre.

L'ÉDITEUR.

AVANT-PROPOS

Je n'ai pas l'intention d'écrire une histoire complète, définitive de la Commune de Paris.

Ce que j'ai cherché surtout, c'est à faire connaître l'*idée sociale* qui se dégage de ce grand mouvement populaire, à marquer nettement l'étape nouvelle de la pensée révolutionnaire affirmée au 18 mars.

Il y a divers travaux très détaillés et qui se contrôlent mutuellement sur la *bataille* proprement dite, commencée le 3 avril et terminée dans le sang de tout un peuple le 28 mai.

Ce qui n'a pas été défini encore assez, ni assez clairement, ce qui ne sera jamais trop défini, ni trop clairement, c'est le caractère propre, au double point de vue politique et social, de la révolution communaliste de 1871.

On a plus et mieux dépeint le côté pittoresque, le côté extérieur, par conséquent un peu banal et propre à toutes les insurrections que le côté moral, intellectuel, qui sépare la Commune de Paris des révolutions semblables, à ne considérer que l'aspect superficiel, qui l'ont précédée.

Ce travail sera d'autant moins inutile que cette grande et originale idée, féconde entre toutes, et qui révèle un nouveau, un immense progrès, dans l'évolution logique de la revendication populaire, n'a pas seulement à se défendre des calomnies immondes de ses ennemis, — cela serait, après tout, facile, — mais encore des travestissements que lui font subir quelques-uns de ses prétendus partisans qui, faute de l'avoir comprise, la transforment en une des convulsions périodiques du vieux jacobinisme autoritaire.

Si la Révolution du 18 mars n'avait été que cela, si elle n'avait pas enrichi l'arsenal de guerre des opprimés contre les oppresseurs, des exploités contre les exploiteurs, d'une arme nouvelle, perfectionnée par les leçons de l'expérience et les progrès de la science sociale, on ne s'expliquerait réellement pas le cri d'espérance qu'elle a, — malgré sa défaite momentanée, — arraché aux prolétaires, aux hommes de bonne volonté du monde entier, la vie intense, l'activité prodigieuse, qu'elle a réveillées dans les couches profondes des désespérés d'hier qui sont les enthousiastes d'aujourd'hui.

Adopter le 18 mars, l'acclamer, le fêter dans un douloureux recueillement, parce que cette Révolution est la dernière en date, serait alors quelque peu puéril.

Ce qui fait l'importance d'une Révolution, ce n'est pas sa date, mais son programme.

Le peuple, lui, ne s'y est pas trompé, et, s'il a gardé le souvenir du 18 mars, si le drapeau de la Commune est devenu son drapeau, c'est qu'il a parfaitement compris que cette révolution était vraiment *sienne,* et lui apportait enfin le premier mot de la solution cherchée par le XIXe siècle à travers une succession de bouleversements et de tâtonnements qui, du reste, n'ont pas été sans gloire.

Qu'a donc été la Commune ?

Qu'y a-t-il de nouveau dans son programme ?

En quoi diffère-t-il de l'ancien programme jacobin révolutionnaire ?

C'est là ce que j'ai cherché à établir, à

faire comprendre, à faire toucher du doigt, dans ces *Notes et Souvenirs personnels,* m'attachant à ne raconter que ce que j'avais vu, constaté par moi-même, avec toute l'impartialité dont je suis capable.

ARTHUR ARNOULD.

Genève, janvier 1878.

HISTOIRE POPULAIRE

COMMUNE DE PARIS

I

LA SOIRÉE DU 3 SEPTEMBRE. — LE DERNIER
MEURTRE DE L'EMPIRE. — LE FRÈRE DE
JULES FERRY.

Dans toute révolution, il y a trois choses à
considérer : sa légitimité, son but, ses actes.

Six années se sont écoulées depuis le jour
glorieux où le peuple de Paris, provoqué, attaqué
la nuit, comme par une troupe de coupeurs de
bourse, chassait, d'un vigoureux effort, Thiers
et sa bande de généraux bonapartistes, rouges
encore du sang caillé de Décembre, tout couverts
de la boue fraîche de Sedan et du 28 janvier.

Depuis ce temps, le calme a pu se faire dans
l'esprit, la sage raison a pu reprendre son empire
sur les désespoirs et les colères du premier moment, et l'exil, morne et froid, a versé sa glace
sur les emportements de la lutte.

Je crois donc être, aujourd'hui, dans les meilleures conditions possibles pour me prononcer,
sans exagération comme sans illusion.

Eh bien, je le déclare hautement, jamais Révolution ne fut plus légitime et n'eut un but plus élevé.

Pour bien comprendre le 18 mars et la Commune de Paris, il faut remonter au 4 septembre et au Gouvernement de la défense nationale.

Ceci devait amener *cela :* — quelques pages suffiront à le démontrer.

—

Je ne remonterai pas au delà du 3 septembre, au soir.

Ce jour-là, le bruit du désastre de Sedan, sans être officiellement connu, avait transpiré dans la foule. L'agitation, déjà grande depuis la déclaration de guerre et les premières défaites, allait toujours en s'augmentant.

Entre neuf et dix heures du soir, une colonne compacte passa sur le boulevard Montmartre, se dirigeant vers la Bastille. Dans cette colonne, un certain nombre de femmes se distinguaient par leur exaltation et demandaient avec énergie la déchéance.

Cette vue me donna quelque confiance. Depuis six semaines, le parti républicain-socialiste attendait, espérait un mouvement. Nous faisions tous nos efforts pour le provoquer; mais la population, tenue en bride par les députés de la gauche, qui se plaçaient comme un tampon entre le peuple et l'Empire, énervée par vingt années de despotisme et de corruption savante, semblait avoir perdu la foi en ses propres forces et jusqu'au sentiment de sa toute-puissance.

On voyait des groupes considérables s'enfuir à l'apparition de quelques sergents de ville. Dans les rassemblements, personne n'osait parler à son voisin, et si quelqu'un élevait la voix pour faire entendre une parole virile, les citoyens qui l'entouraient le regardaient avec défiance, croyant avoir à faire à un agent provocateur.

Paris voyait la police partout, et cette vision,

ce cauchemar, l'hébétait, le rendait incapable de toute action commune.

Ce n'était pas lâcheté, non certes. Le peuple de Paris a prouvé, du 4 septembre au 30 mai, de quels efforts sublimes il était capable ; il a démontré, au milieu d'une succession inouïe de revers et de trahisons, que nulle tâche héroïque ne pouvait étonner son courage.

Seulement, l'œuvre la plus néfaste du despotisme, c'est de séparer les citoyens, de les isoler les uns des autres, de les amener à la défiance, au mépris réciproques.

Personne n'agit plus, parce que personne n'ose plus compter sur son voisin, et l'on assiste à ce phénomène singulier qu'une foule, composée d'hommes braves et prêts à sacrifier leur vie sans marchander, se conduit avec pusillanimité.

Telle était la situation des esprits, à Paris, le 3 septembre au soir.

Cependant, le rassemblement dont j'ai parlé, plus nombreux qu'aucun de ceux que j'avais vus, paraissait aussi plus résolu. Il présentait ce mélange de toutes les classes et de tous les âges qui annonce que la population tout entière est remuée dans ses profondeurs.

On y voyait des bourgeois et des ouvriers, des femmes, des enfants, des vieillards, des gardes mobiles et plusieurs gardes nationaux en uniforme.

C'était bien Paris qui protestait, qui se soulevait.

Un seul cri sortait de cette foule : *La déchéance !*

Et les promeneurs, nombreux sur les trottoirs, applaudissaient.

Cela marcha bien jusqu'à la hauteur du Gymnase. Tout à coup, le rassemblement s'arrêta, les cris se turent, et un mouvement violent de recul s'opéra; puis une débandade terrible.

C'étaient les sergents de ville du poste du boulevard Bonne-Nouvelle qui chargeaient.

Malgré les efforts individuels de quelques citoyens résolus, rien ne put arrêter la panique.

Je fus renversé par les fuyards, sous une voiture de place qui stationnait le long du trottoir du Gymnase, et quand je me relevai de l'autre côté de la voiture, je me trouvai seul au milieu d'une escouade de sergents de ville, l'épée à la main, poursuivant, comme une meute de chiens, la foule éperdue et déjà loin.

Cependant, un groupe assez nombreux avait pu gagner les marches du théâtre, et les couvrait, mêlé à un certain nombre de spectateurs sortis pendant l'entr'acte.

Un garde mobile, que je n'avais pas vu d'abord, s'élança vers ce point pour y chercher un refuge. Au moment où il mettait le pied sur la première marche, un homme, en bourgeois, lui tira un coup de revolver, à bout portant.

Le malheureux jeune homme, frappé en pleine poitrine, tomba à la renverse, les bras étendus, sans pousser un cri.

Pas un agent de police ne se détourna. Ils continuèrent leur chasse, et le corps resta là.

L'homme qui avait tiré était un officier de paix, et cet assassinat, commis froidement, sans provocation, fut, je crois, le dernier haut-fait de l'Empire.

Il finissait, comme il avait commencé, par le meurtre.

En ce moment, un sergent de ville me saisit par le bras et me dit à voix basse :

— Monsieur, ne restez pas là, *vous allez vous faire tuer !*

Mot révélateur qui indique bien quels étaient les ordres donnés, et prouve que l'Empire agonisant songeait encore aux massacres.

Pour refaire le 2 Décembre, il ne lui manquait que des soldats.

Une heure après environ, un homme assez grand, sans moustache, avec des favoris en côtelette, entrait dans le *Café de Madrid,* réclamait un peu de silence pour une communication importante, et s'exprimait en ces termes :

« Messieurs, je suis le frère de Jules Ferry. Je viens, en son nom et au nom de la gauche tout entière, vous avertir que le Corps législatif est réuni pour une séance de nuit. Les députés de la gauche déposent en ce moment même une demande de déchéance. Venez donc tous autour du Corps législatif, tâchez d'amener avec vous le plus de monde possible. Il faut que le peuple soit là pour appuyer ses représentants. »

La démarche et le discours de ce monsieur étaient parfaitement ridicules. Ce n'est pas à onze heures du soir, dans un café du boulevard, que l'on convoque le peuple pour une action révolutionnaire.

Le peuple n'était pas là, et une centaine d'individus, tout au plus, suivirent l'orateur.

Cette convocation prouvait simplement que tous les Jules de la gauche avaient une peur horrible d'être arrêtés par les ordres de Palikao, ou de quelqu'un des coupe-jarrets ordinaires de l'Empire, et imploraient une manifestation populaire comme dernier refuge.

Un mot d'ordre plus intelligent parcourait en ce moment le boulevard à moitié désert.

1.

On se donnait rendez-vous pour le lendemain midi, au Corps législatif, en uniforme de la garde nationale.

On recommandait à chaque citoyen de se procurer au moins, d'ici-là, un képi, de mettre une bande rouge sur un pantalon noir, de faire tout son possible pour que la foule, rassemblée sur la place de la Concorde, eût un aspect martial et quasi-officiel.

II

LE 4 SEPTEMBRE — LE PEUPLE DE PARIS. — POURQUOI ET COMMENT LA RÉVOLUTION DU 4 SEPTEMBRE FUT UN AVORTEMENT.

Le lendemain, chacun fut fidèle au poste : la garde nationale, en armes, envahissait le palais Bourbon et proclamait la République.

C'était un dimanche. Le soleil resplendissait. Une foule nombreuse et joyeuse de femmes et d'enfants en grande toilette remplissait les rues, les boulevards, les jardins, les squares.

Un air de contentement animait tous les visages. Des gens qui ne s'étaient jamais vus, se serraient les mains ou s'embrassaient. Des boutiquiers montaient le long de leurs devantures, avec des échelles, et, à coups de hache, enlevaient les aigles dorés ou les médailles en plâtre représentant le buste de Napoléon III, dont ils avaient jadis orné leurs enseignes.

Ce n'était pas une révolution, c'était une réjouissance publique.

Il n'y eut pas un acte de violence, pas un mouvement de colère.

Tout un peuple poussait un long soupir de soulagement, et regardait autour de lui avec l'air de joie et de délivrance d'un homme qui, au sortir d'un affreux cauchemar, voyant des visages amis à son chevet, comprend que le mauvais rêve est passé.

On n'entendait que des paroles d'espoir, des vœux héroïques, des promesses de dévouement. La foule invoquait la République, comme une sorte de talisman qui devait la sauver de tous les dangers, lui donner l'énergie et le pouvoir de briser tous les obstacles.

De l'Empire, on ne parlait guère; je crois même qu'on n'y pensait plus.

L'Empire, c'était le passé, c'était la honte, c'était la mort, et le peuple de Paris, avec cette admirable faculté qui fait sa grandeur et qui le perd, vivait déjà dans l'avenir, enivré par son propre idéal, jugeant avec les élans de son cœur, trop plein de généreuses aspirations, de nobles vouloirs et d'héroïsme instinctif, pour que la haine y trouve place.

Ce peuple martyr, ce peuple messie, sait lutter et mourir : il ne sait pas haïr !

C'est pour cela qu'il succombe.

Il marche en avant, les yeux fixés sur son but, but éloigné, but élevé, et, comme l'astronome de la fable, il ne voit pas l'abîme béant creusé sous ses pas. Il rêve l'affranchissement du monde, le bonheur de l'humanité ; il y court d'une course folle et sublime, et trébuche sur un Jules Favre, ou sur un Thiers, qui l'assassine lâchement par derrière.

Sur la place de la Concorde, le spectacle était

merveilleux. Pendant deux heures, les bataillons
en armes, dont les baïonnettes reluisaient gaie-
ment au soleil riant, défilèrent, musique et
tambours en tête, venant du boulevard ou des
quais.

Ce n'était pas une bataille, un assaut, c'était
une revue, une fête : Paris se relevant dans sa
splendeur.

Un double cordon de sergents de ville et de
municipaux barrait les abords du Corps législatif.
Il fut brisé sans résistance (1).

Le 53ᵉ bataillon passa le second ou le troisième,
et traversa le pont entre deux rangées de sergents
de ville, pâles, troublés, humbles, demandant
pardon.

J'étais sur le côté, l'un d'eux m'interpella.

— N'est-ce pas, citoyen, que nous sommes
tous pour la France? Vive la France !

— Hier, lui répondis-je, vous assassiniez
encore les Français, en plein boulevard. J'y
étais !

L'agent se tût et regarda la foule avec inquiétude.

Ses camarades l'imitaient, adressant la parole
à ceux qui envahissaient le Corps législatif, et
semblant se mettre de moitié dans le mouvement
qu'ils ne se sentaient plus le pouvoir d'empêcher.

Les gardes municipaux eurent plus de dignité.

---

(1) Il fut brisé de la façon la plus originale.
Le premier bataillon qui rencontra cet obstacle, avait à sa tête un
tambour-maître de taille magnifique.
Le bataillon hésitait. Le tambour-maître, sans se troubler, se
retourna, face aux tambours, dos à l'ennemi, et, la canne en l'air,
marchant à reculons, s'enfonça dans l'obstacle suivi de ses tambours.
La brèche était ouverte.

Ils restaient immobiles, la figure sombre, le regard irrité, et semblaient solliciter de leurs officiers l'ordre de charger.

Les soldats de la ligne fraternisaient franchement avec le peuple. Mais qu'on ne se fasse pas d'illusion à ce sujet. Il n'y avait là ni souffle révolutionnaire, ni même patriotisme. Ils espéraient seulement que la fin de la guerre allait sortir de la chute de l'Empire.

Quant aux soldats de la garde impériale qui occupaient les portes des Tuileries, partout sur notre passage, ils présentaient les armes à la garde nationale insurgée (1).

Malheureusement la foule oscillait de droite et de gauche, allant où son caprice et le hasard de ses impressions la poussaient, sans direction, sans boussole, sans plan, ne songeant pas même à marcher sur la préfecture de police, à s'emparer de ce repaire de bonapartistes, avant que les gens intéressés à cette besogne eussent le loisir de faire disparaître un grand nombre de pièces qu'il était de la plus haute importance, pour le parti républicain, d'avoir en sa possession.

Je sentis là, une fois de plus, combien il est dangereux pour un parti de n'avoir aucune organisation.

En effet, depuis le coup d'État, le parti démocratique était complétement désorganisé. Nul lien n'en reliait les tronçons séparés.

Il y avait des centres actifs, des individualités énergiques ; mais aucun mot d'ordre commun.

---

(1) Un fait qu'il faut signaler, parce qu'il a son côté de gaieté, c'est qu'un Turco nègre, grimpé sur un arbre du quai de la Conférence, agitait son turban dénoué, et acclamait la garde nationale, en poussant des cris gutturaux du plus comique effet.

La partie avancée de la bourgeoisie suivait les hommes de la gauche.

Le peuple appartenait en général au mouvement inauguré par l'*Association internationale des Travailleurs.*

Entre les deux camps, quelques hommes, jeunes et journalistes pour la plupart, ou orateurs de réunions publiques, faisaient une guerre audacieuse de hardis partisans.

De cet éparpillement de forces, il résultait, en somme, une impuissance complète pour l'action, qui a plus contribué que tout le reste à la durée de l'Empire.

Depuis juin 1848, d'ailleurs, le peuple et la bourgeoisie s'étaient séparés sur des monceaux de cadavres, et ne s'étaient plus tendu la main.

De cette scission était né l'Empire, et il en avait vécu. De telle sorte qu'un gouvernement qui avait en réalité, contre lui, dans Paris et toutes les grandes villes, l'immense majorité des citoyens, durait depuis vingt ans, grâce à la peur que le peuple inspirait à la bourgeoisie, grâce à la haine méritée que la bourgeoisie inspirait au peuple.

L'Empire succomba juste le jour où, sous le coup d'une grande douleur patriotique, d'une grande honte nationale, retombant sur tout le monde, la scission dont je viens de parler disparut, pour quelques instants, au milieu du deuil public et de l'indignation universelle.

Néanmoins, la Révolution du 4 septembre ne fut qu'une Révolution bourgeoise, faite par des bourgeois, puisqu'elle fut l'œuvre de la garde nationale, où le peuple n'avait pas encore pénétré.

Comme il n'y eut pas résistance de la part du

pouvoir, le vrai peuple y parut plutôt en spectateur qu'en acteur.

S'il y avait eu bataille, le peuple y eût joué un rôle prépondérant, et les choses prenaient aussitôt une autre tournure.

La Préfecture de police était occupée immédiatement, et M. de Kératry, en arrivant, y aurait vu la Révolution installée. Il eût fallu là compter avec elle. L'hôtel de ville était occupé également par les forces populaires, et les Favre, les Simon, les Trochu, conduits par la garde nationale bourgeoise, n'auraient point trouvé la place nette, de telle façon qu'il leur suffit d'entrer pour s'imposer au mouvement, filouter la démocratie, et proclamer eux-mêmes leur propre dictature.

Faute donc d'une cohésion suffisante et d'une organisation politique quelconque, le parti révolutionnaire socialiste fut complétement joué, le 4 septembre, et prévenu sur tous les points par l'action de la gauche parlementaire, force organisée, elle, *au point de vue politique*, et prête à recueillir l'héritage de l'Empire.

Kératry se présenta à la préfecture de police, et y resta paisiblement.

Trochu, Favre, Simon et consorts se rendirent tranquillement à l'hôtel de ville, n'y rencontrèrent personne (1), et firent leur main.

Le peuple de Paris, livré à lui-même et n'étant point excité par la lutte, écouta son tempérament, se montra généreux.

Voyant ses ennemis à ses pieds, la pitié et le dégoût l'emportèrent sur la colère et le sentiment de la justice.

---

(1) J'entends : personne avec qui compter.

Il avait la République — le mot! — l'Empire avait disparu. Il ne fit pas attention qu'il venait de traverser l'armée ennemie, mais que, derrière lui, elle se reformait, dans l'ombre, avec toutes ses forces, dont pas une n'était entamée.

Les membres du Sénat et du Corps législatif purent s'en aller en province commencer cette immonde conspiration de la calomnie et de la lâcheté qui livra la France aux Prussiens pour la jeter aux mains sanglantes d'un Thiers.

Les sergents de ville furent soigneusement conservés et réorganisés, la garde de Paris s'appela la garde républicaine, les généraux de Bonaparte restèrent à la tête de l'armée, et tout fut dit.

Le 4 septembre au soir, Paris, sans s'en douter, était retombé sous le joug, appartenait à ses plus cruels ennemis, et les hommes qui ont le sens politique pouvaient déjà prévoir la guerre civile dans un avenir prochain.

Quand la bourgeoisie a fait ou laissé faire une Révolution, son premier mouvement est de se retourner pour regarder, avec terreur et menace, le peuple qui la suit. Le rejeter sous le joug dont elle s'est affranchie avec son appui, devient sa seule préoccupation.

Plus il a montré sa force, plus il a fait peur, plus il a excité de haine, et plus il a donné de cohésion aux bataillons un instant hésitants de ses implacables tyrans.

Aussi, le lendemain d'une Révolution, loin que le nombre des ennemis du peuple ait diminué, il a doublé.

La veille, ayant à combattre un autre adversaire, qui était le gouvernement établi, une partie de la bourgeoisie semblait marcher d'accord avec le peuple.

Le lendemain, la bourgeoisie n'ayant plus rien à craindre que du côté du peuple, se réunit tout entière contre lui.

Faire peur à ceux qui nous haïssent, sans les désarmer et les frapper, est la plus grande de toutes les fautes.

Au 4 septembre, il eût fallu tout d'abord mettre hors d'état de nuire à la République et à la défense nationale, tous ces souteneurs de l'Empire, graine de traîtres, qu'on laissa complaisamment fuir, ou même à qui on confia la défense de la République et de la patrie.

Mais, du moment où le pouvoir était tombé aux mains des hommes de la gauche, il n'y avait plus rien à espérer de ce côté.

A l'Empire, vieille dictature déshonorée et décrépite, qui avait pour elle, du moins, le cynisme de sa franchise, succédait une dictature toute fraîche et lâchement embusquée sous les plis du drapeau républicain.

Ces hommes, une fois maîtres de la situation, n'eurent qu'une préoccupation : conserver tous les rouages, tous les agents de l'Empire, sachant que cette machine était merveilleusement montée pour l'écrasement du peuple, et qu'ils n'avaient pas le temps de trouver mieux.

Ce fut à ce point que les hommes de l'hôtel de ville ne voulaient même pas changer les maires bonapartistes en fonction dans les vingt arrondissements de Paris (1). Il y eut, à ce sujet, une longue discussion. Trochu décida enfin qu'on nommerait de nouveaux maires, parce qu'on lui

_____

(1) On voit qu'il ne s'agissait guère de leur élection par le peuple, comme c'eût été le strict devoir.

fit craindre que le peuple ne chassât violemment les anciens.

Autre exemple : Trois jours après le 4 septembre, des *gardes de Paris* faisaient faction devant les portes de l'hôtel de ville. Il fallut les protestations énergiques de la foule stationnant sur la place, pour qu'on fît disparaître ces hommes, dont la vue odieuse était une véritable provocation à la population (1).

Cet infime détail n'était-il pas toute une révélation ?

Cependant la colère et la crainte agitaient le cœur de tous les vrais républicains, qui prévoyaient ce que nous allions devenir entre de pareilles mains.

Delescluze, que je rencontrai, le 4 septembre même, rue de Rivoli, après l'installation du gouvernement, me dit avec désespoir :

— Nous sommes perdus !

Il avait raison, mais que faire ?

Recommencer une nouvelle révolution, le lendemain, devant l'ennemi qui s'approchait à marches forcées ?

Il n'y fallait pas songer. Les éléments n'en existaient pas, alors, dans Paris.

La population n'était pas encore complétement réveillée du long sommeil de l'Empire.

Il lui fallut quatre mois pour cela. Ce n'était pas trop pour secouer vingt ans de torpeur, et je ne pense pas qu'aucun peuple eût marché de ce pas de géant.

---

(1) J'étais à l'hôtel de ville ce jour-là, et c'est moi qui fis avertir Etienne Arago de cette indignité. Le fait a été peu connu, car les gardes de Paris ne restèrent pas là plus de dix minutes. La tentative n'en était pas moins à signaler.

Elle jouissait du mot de République, et de l'absence des sergents de ville, disparus de la rue.

Elle se croyait libre, et ne pensait plus qu'à la défense du territoire, qu'à chasser les Prussiens, contre lesquels elle se levait tout entière, depuis qu'il ne s'agissait plus de protéger l'Empire, mais de sauver la République et la France.

Remonter ce courant était impossible.

Les républicains radicaux et socialistes se mirent donc résolument à l'œuvre, et, faisant taire leurs plus légitimes antipathies, leurs défiances les plus justifiées, offrirent au gouvernement de la défense nationale leur concours loyal, ne lui demandant point de faire de la politique, n'exigeant de lui qu'une chose : la défense militaire du pays.

Le peuple, lui aussi, se montra d'abord facile sur la direction politique, exigeant qu'on mît de côté toutes les divisions, pour consacrer les forces vives de la nation à combattre les Prussiens.

Il comprenait bien, avec ce sens profond qu'il montre dans les grandes circonstances, que les Prussiens vaincus au nom de la République, c'était la République à jamais fondée sur le roc.

La politique serait venue après ; après le socialisme eût arboré son drapeau, après on eût réglé les comptes du passé.

Pour le quart d'heure, ce qu'il fallait, c'était la victoire, car cette victoire eût été fatalement la victoire du peuple, de la démocratie-socialiste.

C'est pourquoi les hommes de l'hôtel de ville ne voulurent pas de la victoire.

Quels étaient donc ces hommes ?

III

LES HOMMES DU GOUVERNEMENT. — TROCHU, JULES FAVRE, JULES SIMON, ERNEST PICARD, JULES FERRY, ETC.

En dehors de Henri Rochefort, qui donna sa démission au 31 octobre, et de Gambetta qui, dès le début, avait quitté Paris pour aller organiser la défense en province, il y avait Trochu, Jules Favre, Jules Simon, Picard et Jules Ferry. Le reste ne vaut pas la peine qu'on le nomme, sauf Dorian, qui déploya de véritables qualités de travail, d'organisation et de désintéressement, mais qui n'exerça aucune action politique et dont le caractère ne fut pas à la hauteur de ses autres qualités.

De ces cinq larrons de la victoire populaire, deux étaient les hommes-liges du jésuitisme : Trochu et Jules Favre.

Trochu est soldat, catholique et Breton, c'est-à-dire le triple ennemi-né du peuple, de la République et de la démocratie, la négation faite homme de toutes les aspirations modernes.

Ce fut celui-là à qui les autres confièrent la présidence du gouvernement et la défense de Paris.

Il y a des heures où la simple coquinerie ressemble à un trait de génie.

Comme individu, Trochu est la personnification du sot, mais non pas du sot en dehors, déployant sa sottise avec une ostentation pleine de naïveté qui lui sert d'écriteau, vous prévient et vous met en garde.

Trochu est un sot de province, un sot mystique, en dedans, qui croit à la Vierge. Sa vanité est une vanité pieuse et maladive, massive et timide, compacte, épaisse, lourde, cuirassée et chagrine, qui se dévore elle-même, s'aigrit dans la solitude et l'impuissance, comme une vieille fille, et tourne à la gredinerie.

Ajoutez à cela une intelligence nulle et asservie à la consigne du prêtre; un esprit où, ce qu'il y a de pire au monde, l'irrésolution égale l'entêtement; une imagination tournée au noir, qui ne voit que des obstacles, des inconvénients, des impossibilités, s'y attache et s'en repaît; une conception lente, s'égarant péniblement dans les infiniments petits, se cognant à tous les écueils et s'y cramponnant; le parti-pris de ne pas vaincre, parce que la victoire eût été un démenti à certains préjugés de caserne; enfin la terreur folle de la Révolution, la conviction chrétienne que toute révolte contre l'autorité est le plus abominable des péchés, et que le peuple de Paris était un grand coupable que Dieu frappait avec la verge des Prussiens.

Derrière tout cela, l'Église !

Bientôt à ces divers éléments s'en ajouta un nouveau qui leur donna plus d'activité et les exaspéra : le peuple de Paris n'admira pas Trochu, ne crut pas en Trochu, et Trochu ressentit contre le peuple de Paris une haine de dévôt et de vaniteux, haine sourde, cachée, perfide, patiente, qui attend et ne pardonne pas.

Tel était l'homme qui avait charge de sauver Paris.

Derrière Trochu, se dressait Jules Favre, Jules Favre le faussaire, bientôt éclaboussé du sang de Millière, qui avait révélé ses faux (1).

Spiritualiste, mystique et catholique lui aussi, il allait à confesse, communiait, vivait en concubinage avec une femme mariée, et, afin de s'enrichir, marquait d'un faux la naissance de chacun de ses enfants adultérins (2).

Jules Favre a longtemps trompé l'opinion publique, et j'avoue ne pas le comprendre.

On connaissait pourtant sa conduite à Lyon, lors du procès d'avril, où il se sépara de tous ses collègues de la défense.

On connaissait sa conduite en 1848, et l'on savait avec quel fiel il avait bassement poursuivi les hommes du parti socialiste.

On savait qu'il avait combattu la candidature de Rochefort, et qu'il n'était passé, au second tour de scrutin, que grâce à l'appoint des voix bonapartistes.

Enfin, un certain nombre d'hommes du parti républicain n'ignoraient point les hontes de sa vie privée, et gardaient le silence pour ne pas salir le drapeau commun.

D'autres aussi possédaient son secret : les

---

(1) Que M. Jules Favre n'ait point demandé expressément la mort de Millière aux bouchers de Versailles, — cela est possible, — car cette démarche n'était point nécessaire. Dans ce monde-là, on s'entend à demi-mots, et ces petits services se rendent tout naturellement.

Mais, justement à cause de cela, il devait OBTENIR que Millière ait la vie sauve, et d'autant mieux que Millière n'avait pris aucune part au Gouvernement de la Commune.

Laisser commettre l'assassinat qu'on pourrait empêcher, alors qu'on a une haine personnelle contre la victime, n'est pas moins grave que de le commettre soi-même.

C'est plus lâche, — voilà tout.

Il est aussi à remarquer que Laluyé, — qui avait fourni les pièces à Millière, — condamné à un an de prison, est mort, tout à coup, d'une maladie *inconnue* contractée à Pélagie.

Décidément M. Jules Favre n'a pas de chance avec ses ennemis !

(2) Il l'a avoué en plein tribunal, et on s'étonnerait de ne pas le voir à Poissy, si l'on ne savait qu'il a siégé comme ministre dans les conseils du gouvernement qui ordonna le sac de Paris.

agents de l'Eglise et les gens des Tuileries.

C'est tenu par ces fils invisibles, que Jules Favre devait manœuvrer.

Il s'en tira à merveille, satisfaisant la bourgeoisie libérale par des attaques qui ne faisaient aucun mal à l'Empire, et donnant des gages au clergé qui se savait là un complaisant dont on ferait, un jour, un complice.

En dehors de cela, Jules Favre est une nature bilieuse et envieuse, un avocat disert, un bourgeois forcené, pour qui la République ne doit être que le gouvernement des bavards, des banquiers et des fonctionnaires, moins la liste civile attribuée au chef de l'État dans les monarchies.

Le 4 septembre le dérangea donc considérablement, en l'arrachant à la plus commode et à la plus douce des positions.

Chef de la gauche au Corps législatif, il ne pouvait désirer et ne désirait, en effet, que la continuation du régime qui lui assurait une situation dont l'importance dépassait de beaucoup son courage et son mérite.

Moyennant trois ou quatre discours par an, ce quinquet fumeux du libéralisme bourgeois brillait au ciel parlementaire, comme une étoile de première grandeur.

Sa vanité, sa bourse et son mépris du peuple y trouvaient à la fois leur compte.

Il vivait bien, ne courait aucun risque, récoltait une facile popularité, et tenait la place de gens qui valaient cent fois mieux que lui.

A part toutes les autres, une de ses passions principales trouvait ample satisfaction à la continuation du régime impérial : je veux parler de sa jalousie, de son envie contre les *jeunes*.

Au palais, il était bien connu pour cette basse

passion, et l'on savait tout ce qu'il avait souffert, en voyant s'allumer brusquement l'astre de Gambetta. Cette nouvelle réputation l'offusquait et faisait saigner la vanité du vieux bonze habitué aux adorations et à l'encens.

A la Chambre, il lui fit bonne mine, mais je doute qu'il l'ait jamais aimé.

Le jour où il dut lutter contre Rochefort, un *jeune* aussi, il lui voua également une haine implacable.

N'eût-il eu que la crainte de descendre de son piédestal, de voir arriver des hommes nouveaux, cette crainte eût suffi pour lui donner l'horreur de la Révolution.

La plupart des vieux hommes politiques, qui ont fait de la politique un métier, qui se sont installés dans une opposition de carton, comme le rat dans son fromage, ont cette vile terreur et cette animosité misérable contre les lutteurs qui se font un nom à leurs côtés, et menacent de gâter le métier, en y apportant plus de passion, plus de sincérité, plus de talent, ou de nouvelles conceptions en rapport avec les besoins vrais de l'époque, et les aspirations du peuple.

De ce côté, l'Empire le rassurait amplement. A ce régime bâtard, artificiel et pourri, il fallait cette opposition bâtarde, artificielle et pourrie. L'empire n'en eût pas permis une autre, et Jules Favre, avec sa patente en poche et son titre de fournisseur habituel des Tuileries pour tout ce qui concernait le libéralisme endormeur et le républicanisme frelaté, ne redoutait pas trop la concurrence.

Tel est l'homme que le 4 septembre jeta à l'hôtel de ville, et qui fut chargé de représenter la France devant l'Europe malveillante et devant les Prussiens résolus à notre perte.

Comme Trochu, l'ennemi qu'il redoutait et qu'il haïssait bien au-dessus des Prussiens, c'était le peuple, et l'adversaire qu'il voulait vaincre avant tout, c'était la Révolution.

Comme Trochu, dès qu'il vit qu'on ne pourrait vaincre que par le peuple, et que la victoire serait la victoire du peuple, il préféra la défaite, et livra Paris à la suite d'une fausse famine.

Après ces deux hommes, venait Jules Simon, un jésuite aussi, mais d'une autre sorte.

Jules Simon n'appartient pas au jésuitisme, par imbécillité, à la façon de Trochu, ni par un mélange d'intérêt et de religiosité, ainsi que Jules Favre. Non. Jules Simon est né jésuite, comme on naît poète. Le jésuite, en effet, n'est pas seulement le produit d'une savante organisation cléricale, c'est aussi une nature, un tempérament, une façon d'être du cerveau.

Du jésuite, Jules Simon a la dureté implacable, les manières doucereuses, le sourire affable, la parole caressante, le cœur vindicatif, l'esprit toujours tendu vers un but unique.

Pour Jules Simon, ce but, c'est le pouvoir.

Comme, d'ailleurs, il n'est pas aussi fier qu'il est ambitieux, il se contente, suivant l'occasion, d'une place de laquais de la réaction au ministère de l'instruction publique avec Thiers, ou au ministère de l'intérieur avec Mac-Mahon.

Pour la garder, aucune palinodie, aucune bassesse, n'ont étonné son courage.

Dans les derniers temps de l'Empire, une fois la brèche ouverte par Emile Olivier, il entrevoyait, ainsi que la plupart de ses collègues de la gauche, la possibilité d'un ministère. Il l'eût accepté sans dégoût !

I   2

La Révolution du 4 septembre venue, il se dit, en homme de ressource qu'il est, qu'il n'en aurait pas moins le ministère.

Thiers, Bonaparte, d'Orléans, Chambord ou Mac-Mahon, ne sont que des détails dans l'affaire.

Ce qui est bon à prendre, est toujours bon à garder.

L'histoire de Jules Simon, pendant l'Empire, est l'histoire de ces *dames de charité* qui s'enrichissent en quêtant pour les pauvres. Fort effacé à la Chambre, comme orateur, soit par Jules Favre, soit par Gambetta, il ne s'entêta pas inutilement à se faire une popularité par la tribune.

Il se tourna d'un autre côté, plus lucratif, et ouvrit une petite boutique où ses collègues ne troublèrent point son commerce. Il travailla dans le *Socialisme de Salon*, et vécut des misères de l'ouvrier, de l'*Ouvrière* et de l'*Enfant*, en une foule de volumes in-8° (coût 5 fr.). Ces ouvrages le faisaient bien venir de la bourgeoisie qui les achetait, sans le compromettre autrement aux yeux des ouvriers qui ne les lisaient pas.

Ça rapportait donc à tous les points de vue.

Après l'homme d'église, il n'y a rien de tel qu'un professeur de philosophie spiritualiste, pour entendre le maniement des intérêts grossiers de ce bas monde.

Parler du bon Dieu, de l'âme immortelle et du *Devoir,* est toujours un excellent moyen de gagner de l'argent et de faire un beau mariage.

Ça vaut même mieux que de jouer à la Bourse, ou de vendre de la Nouveauté. Les risques y sont moins grands, on ne paie pas patente, et les banqueroutes les plus frauduleuses n'y sont point sujettes aux poursuites de la loi.

Tant qu'on est dans l'opposition, on passe

pour un saint; quand on n'y est plus, on fait déporter ou fusiller ceux qui réclament et se prétendent volés.

Jules Simon a rempli le programme jusqu'au bout, sans en sauter un seul article.

Comme Trochu et Jules Favre, il appartient à la catégorie des *pleurards,* et tout Paris se rappelle ses airs mourants, chaque fois qu'il montait, soit à sa chaire de professeur, avant le coup d'Etat, soit, depuis, à une tribune quelconque.

Sauf quelques défiants enragés qui se rappelaient 1848, Jules Simon trompa fort proprement son public pendant la plus grande partie de l'Empire, et ce ne fut guère que vers les dernières années, que les yeux commencèrent à se dessiller.

Un dernier trait achèvera de le peindre tout entier.

Vers la fin du mois d'août, le public militant ne quittait plus les abords ou la tribune du Corps législatif. C'est là qu'on allait chercher les nouvelles, écouter les dépêches mensongères lues à la Chambre par le ministre de la guerre Palikao, et s'informer, auprès des députés de la gauche, de la vérité de la situation.

Un jour, Jules Simon vint à moi, dans la cour du Palais-Bourbon, me prit à part, et me dit :

« — Annoncez à tous vos amis, annoncez aux ouvriers des faubourgs, que la situation est absolument perdue, et que dans *huit jours* (sic) peut-être, les Prussiens seront sous les murs de Paris. »

Je lui répondis :

« — Il ne suffit pas d'annoncer de semblables nouvelles. Il faut les prouver, dire d'où et de qui on les tient, si on veut être cru et produire l'effet que vous en attendez.

« — Vous pouvez dire que vous le tenez de

moi, Jules Simon, et que je l'affirme sur l'honneur.

« — Alors, pourquoi ne donnez-vous pas ces nouvelles du haut de la tribune? Cela intéresse la France entière. Il faut que la France entière l'entende, et que personne ne puisse en douter. Il y va du salut de la patrie. Si vous savez, parlez donc, mais comme doit parler un représentant du peuple.

« — Au Corps législatif, je ne puis le dire »; et il me quitta précipitamment.

Pourquoi donc? Parce que Bonaparte pouvant peut-être encore, par un miracle, se sauver, Jules Simon se fût trouvé absolument compromis vis-à-vis de l'Empire.

Adieu tout espoir d'un ministère à la suite d'Olivier!

En agissant comme il venait de le faire, il sauvegardait, au contraire, sa position fructueuse à la gauche, tout en ayant l'air de se mettre de moitié dans les colères et dans l'action révolutionnaire des faubourgs.

Si cette action échouait, quelle trace fut-il restée de ces paroles en l'air?

Si le peuple triomphait, eh bien, il y avait des témoins pour affirmer que le *démocrate* Jules Simon était d'accord avec le peuple, et l'avait poussé au mouvement.

Avec Ernest Picard, nous entrons dans une autre catégorie. Nous passons du jésuite au cynique.

Nous devons rendre cette justice à Ernest Picard, qu'il n'a jamais trompé son monde, ni filouté la popularité.

Il n'a guère promis plus qu'il ne voulait tenir. Il n'a passé aucun de ces contrats avec le socialisme révolutionnaire que ses collègues signaient, la veille de l'élection, avec autant de facilité qu'ils mettaient de désinvolture, le lendemain, à les fouler aux pieds.

Ernest Picard était la représentation exacte du bourgeois frondeur, mais prudent, du négociant parisien qui se paie volontiers le luxe de taquiner le gouvernement, sans intention de le renverser, et peut-être même sans un désir bien vif de l'amender.

Le bourgeois de Paris aime à picoter les ministres qui le vexent toujours un peu, en tant que représentants de l'autorité.

Il ressemble à ces maris coureurs qui donnent des coups de canif dant le contrat conjugal, mais qui, pour rien au monde, ne voudraient entendre parler du divorce.

Ils n'aiment point leur femme, ils content fleurette à la bonne de madame et à la petite voisine du cinquième, mais comme leur femme représente une dot fort respectable, et que mille liens d'intérêt matériel unissent les conjoints, ces maris finissent toujours par revenir au logis matrimonial.

Cette histoire est l'histoire du boutiquier parisien, et Picard était l'expression exacte de cette opposition qui n'est, en somme, qu'une niche, une ingratitude et une polissonnerie.

Ventru, replet, rebondi, homme d'esprit au demeurant, il représentait à merveille le type de l'égoïste florissant et sans vergogne.

Un tel homme, on le comprend facilement, n'avait point l'étoffe héroïque nécessaire pour pousser à la guerre à outrance et s'ensevelir sous les ruines de Paris plutôt que de capituler.

Il craignait naturellement les coups; avait une profonde antipathie contre les obus; exécrait le pain d'avoine, le veau malade et le cheval maigre, et ne trouvait aucun charme à la sublime horreur de la canonnade.

Le peuple de Paris, qui ne croyait pas au républicanisme des Favre, des Simon et des Trochu, croyait à leur patriotisme, et voulait espérer qu'ils seraient au moins Français, s'ils n'étaient ni démocrates, ni révolutionnaires.

Avec Picard, nulle illusion. On savait qu'il livrerait Paris, dès qu'il aurait peur, et qu'il aurait peur tout de suite, mais il passait dans le tas, et on se disait :

— Après tout, ce n'est qu'une voix!

Picard ne trompa point l'attente du peuple.

Dans les conseils du gouvernement, il se prononça contre une résistance insensée et malsaine, demanda l'*armistice,* jusqu'au jour où, changeant le mot, il demanda la capitulation.

Heureusement, il y a des hommes bien doués, chez qui la peur ne dérange que les intestins : Picard était bien doué! Il ne perdit pas la tête, s'attribua le ministère des finances, ce qui ne le ruina point, et gagna beaucoup d'argent avec le journal de son frère, à qui il livrait, douze heures d'avance, les dépêches, les nouvelles et parfois les résolutions de ses collègues.

Somme toute, il restera comme l'homme le plus estimable du gouvernement de la Défense Nationale, et il en sortit à son honneur, puisqu'il en sortit gras, même après la famine du dernier mois.

Lui aussi, d'ailleurs, comptait attraper un ministère de la munificence de Napoléon III, et n'avait pas lieu d'être content que Paris eût changé cette bonne place, contre un poste d'honneur, de péril et de dévouement.

Après Picard, nous tombons jusqu'à Jules Ferry !

Tout le monde connait Jules Ferry, une tête de garçon de café ! Il s'est fait une notoriété pour avoir taquiné Haussmann dans *le Temps*, journal orléaniste, et les électeurs le choisirent pour ne point nommer Adolphe Guéroult, un bonapartiste, ou Cochin, un catholique.

Au Corps législatif il fut de la gauche ; cela rapportait autant que d'être de la droite.

A l'hôtel de ville, il n'eut qu'une idée : devenir préfet de la Seine. Il le devint pour un quart d'heure.

Quand, Paris livré, Versailles se leva à l'horizon, il fut Versaillais.

On l'accusa d'avoir tripoté sur les approvisionnements de Paris, et arrondi sa bourse aux dépens des Parisiens imbéciles qui mouraient de faim pour défendre la République et la patrie.

Il a été embassadeur, — il sera ministre, un jour ou l'autre.

Dans la coulisse, à distance des grands rôles, il reste un dernier personnage, fort insignifiant en soi, mais que je tiens à faire connaître, parce que cela complétera la moralité de ce tableau.

Ce personnage, c'est M. Clamageran, petit homme tout rond et blafard, bâti comme un boudin, avec une figure de Nuremberg, le teint d'un fromage mou, l'air idiot, et plus idiot que son air.

Les hommes qui avaient choisi Trochu pour diriger les opérations militaires, lui confièrent la mission d'étudier spécialement les questions relatives à la boucherie.

Il était le gendre de quelqu'un des locataires actuels de l'hôtel de ville, et son beau-père, lui sachant une gastrite, l'avait mis là, pour qu'il la soignât pendant les horreurs du siége.

Voyons les preuves de sa capacité, de sa gastrite et de son dévouement.

Il avait été décidé que les maires et adjoints des vingt arrondissements se réuniraient une fois par semaine, à l'hôtel de ville, sous la présidence d'Etienne Arago, afin de délibérer entre eux sur les meilleures mesures à prendre pour l'administration générale de Paris.

On discuta immédiatement, dans ces réunions, la question des vivres et de leur équitable répartition.

Interpellé à ce sujet, M. Clamageran fit à peu près connaître le nombre d'animaux de boucherie dont disposait la ville.

Ce nombre d'animaux, pour la plupart déjà malades, faute des soins les plus élémentaires, représentait, d'après son dire, l'alimentation de cinq à six semaines tout au plus.

Je demandai (1) si l'on avait établi une statistique des chevaux qui pourraient être, le cas échéant, livrés à la consommation.

Voici la réponse textuelle de M. Clamageran :

« Mon Dieu ! nous n'y avons pas songé ! Cette statistique est fort difficile à établir, et d'ailleurs, cette ressource est tellement insignifiante que cela ne vaut pas la peine de s'en occuper. »

Or, sur les cinq mois qu'a duré le siége de Paris, la population a vécu de *cheval pendant environ trois mois.*

Les chevaux furent donc la grande ressource,

---

(1) J'assistais à ces séances en ma qualité d'adjoint au maire du IVᵉ arrondissement.

la seule sérieuse pour les trois quarts des Parisiens.

Voilà pour la capacité!

Voici maintenant pour la gastrite :

Quelques jours après, on discuta le rationnement immédiat (1) de la viande de boucherie, et sa distribution uniforme à chaque citoyen.

M. Clamageran combattit cette mesure, déclarant qu'il y avait des *estomacs délicats* qui ne pouvaient s'accommoder indifféremment de tous les morceaux.

« Quant à moi, ajouta-t-il, qui ai l'estomac fort malade, et qui mange peu, je préfère cent fois un petit morceau de *filet*, à un gros morceau de qualité inférieure. Il faut donc laisser à chacun la liberté de choisir son morceau, en le payant le prix nécessaire. D'ailleurs, à quoi bon rationner la viande, *puisque le rationnement se fera tout naturellement par la cherté qui en diminuera la consommation*, sans porter atteinte au grand principe de la liberté du commerce, et sans imposer au gouvernement des ennuis et un surcroît de travail considérable. »

En effet, il n'y avait qu'à laisser faire la spéculation, et la viande eût atteint un prix tellement élevé qu'il n'y aurait eu que les millionnaires, les membres du gouvernement et M. Clamageran qui auraient pu s'en procurer.

Le reste serait mort de faim ou aurait mangé ses poings.

Ajoutons que ce système du *rationnement par la cherté* fut, au début, préconisé plusieurs fois dans les conseils du gouvernement, qui lui était

---

(1) C'était à la mairie du premier arrondissement.

I. 2.

favorable, et qui n'y renonça qu'à regret.

Cependant la viande de boucherie fut rationnée, quoique tardivement.

Mais alors, comme on avait *oublié les chevaux*, il s'ouvrit partout des débits de viande de cheval, et la population s'y précipita pour augmenter son ordinaire.

Le gaspillage en fut effroyable pendant quelque temps.

Le citoyen Greppo (1) et moi, nous nous rendîmes au cabinet de M. Clamageran, pour lui signaler cet état de choses et lui dire qu'il fallait absolument étendre la mesure du rationnement à la viande de cheval, qui, sans cela, disparaîtrait en peu de temps, privant la ville assiégée de sa principale et meilleure ressource (2).

M. Clamageran, pour cette fois, se mit en colère.

« — Nous avons bien assez de mal avec la viande de boucherie! s'écria-t-il. Si nous nous mettons à rationner la viande de cheval, ce sera encore une foule de nouveaux ennuis. Vous voulez donc nous tuer!! Laissez vendre le cheval comme on voudra! Pourvu que je n'en entende pas parler, c'est tout ce que je demande! »

Voilà pour le dévouement.

Si j'ai insisté sur ces détails, c'est qu'ils donnent la mesure exacte des hommes entre les mains desquels nous étions tombés, et de l'esprit qui régnait dans les régions gouvernementales.

---

(1) Maire du quatrième arrondissement.

(2) En effet, les chevaux étaient magnifiques. Le fourrage étant trop cher, on les nourrissait avec du blé et de la farine. Le gouvernement, *qui le savait*, laissait faire. On donna plus tard l'avoine aux Parisiens.

De Trochu à Clamageran, tous se valaient.

C'est dans de semblables conditions, c'est avec de pareils chefs et de pareils administrateurs, que le peuple de Paris prolongea le siége pendant près de cinq mois, sans une heure de faiblesse, sans une plainte pour toutes les souffrances endurées au milieu d'un hiver exceptionnellement rigoureux.

IV

LE PEUPLE DE PARIS PENDANT LE PREMIER SIÉGE.

Nous pouvons maintenant passer rapidement sur les faits accomplis pendant le siége. Quand on connaît les acteurs, on n'a pas besoin de voir la pièce, pour savoir comment elle sera jouée.

Le siége, je n'ai pas l'intention de le raconter. Il peut se résumer ainsi : En haut, trahison, incapacité, lâcheté. haine du peuple ; en bas, héroïsme, abnégation, haine des Prussiens, amour de la République, mépris profond du gouvernement.

Ce peuple de Paris aurait pu réellement être le soldat de la France.

C'est qu'en effet, si le gouvernement de la défense nationale a été bassement criminel, si la Commune, plus tard, a commis des fautes graves, malgré les intentions les plus pures et les plus élevées, le peuple de Paris, pendant sept mois, a été admirable, et s'est montré constamment grand, joignant aux plus magnifiques élans du cœur, des conceptions vraiment politiques et qui resteront comme un phare lumineux pour l'avenir.

Pendant qu'on le trahissait, pendant qu'on l'affamait et le diffamait, pendant qu'on le bombardait, ce peuple élaborait la grande idée du dix-neuvième siècle, et trouvait enfin la formule exacte de la souveraineté populaire.

Durant les premiers jours, il fallait le voir assiéger les mairies, demandant des armes, offrant son temps et sa vie avec une héroïque prodigalité. Les citoyens venaient se faire inscrire en telle masse, que la plus grande difficulté était de suffire à ces inscriptions.

L'autre difficulté était de satisfaire à leur impatience. Quand un bataillon était formé et armé, c'étaient des explosions de colère, dans tout l'arrondissement, de la part de ceux qu'on n'avait pu armer le même jour.

Quand un convoi de fusils arrivait à la mairie, il fallait qu'il fût gardé militairement : la foule l'eût pillé pour avoir des armes un quart d'heure plus tôt.

Il en était de même dans tout Paris, surtout dans les quartiers populaires.

Il est vrai que, devant cette foule, on eût pu faire défiler tous les millions de la Banque, sans un homme de garde, de même que, plus tard, lorsqu'elle était épuisée par la faim, pas un citoyen, pas une femme dans Paris, ne fit entendre une plainte, ne demanda la capitulation.

Il y avait, dans cette population, les éléments d'une armée de cent mille hommes qui eussent, par leur élan, ramené la victoire, échauffé la province, et, avec son concours, rejeté les Prussiens au delà de la frontière.

En six semaines, on pouvait les discipliner

suffisamment. Chacun se rappelle le bel aspect des *bataillons de marche*, lorsque le gouvernement, contraint par le mouvement du 31 octobre, n'osa plus refuser cette satisfaction à la garde nationale. Moins d'un mois après leur organisation, ils manœuvraient avec plus d'ensemble et de rectitude que la troupe, et surtout montraient un air martial et résolu, bien différent de l'air ennuyé et mal résigné de la plupart des soldats et des mobiles.

Il est acquis, d'ailleurs, qu'un garde national apprend en un jour ce qu'un soldat n'apprend pas en un mois.

Il y a, chez le premier, un niveau moral supérieur, dont le bénéfice se retrouve partout. Le garde national sait ce qu'il fait, en comprend l'importance, y apporte une volonté personnelle. Ce n'est pas un instrument passif, c'est un collaborateur actif. Son courage aussi n'est pas simplement le résultat du respect de la discipline et de l'habitude de l'obéissance. C'est le courage raisonné d'un homme libre qui fait sciemment le sacrifice de sa vie à une idée, à une conviction, à un devoir.

Nul, après le siége de Paris, ne peut croire aux armées permanentes, ramassis coûteux d'esclaves conduits par des chefs misérables, pour qui verser le sang est un métier, un gagne-pain et un gagne-croix, et qui ont, de tout temps, versé le sang du peuple avec plus de rage que celui de l'ennemi.

Est-ce qu'un 2 Décembre ne rapporte pas autant à un Vinoy, que la plus belle victoire sur les Prussiens? Et il n'a pas eu à se déranger, à supporter les fatigues et les longs ennuis d'une campagne.

L'expérience est faite, désormais. Elle est acquise à l'histoire. On se rappellera que la garde nationale parisienne, malgré le gouvernement, malgré les généraux, malgré leurs soldats, a tenu les Prussiens cinq mois sous les murs de Paris, et transformé l'occupation des Champs-Elysées, consentie par Jules Favre, en une véritable humiliation que Guillaume et Bismark ne voulurent pas vider jusqu'au bout.

On se rappellera que « la plus belle armée de la France (1) » a, sous l'œil des Prussiens qu'elle respectait, bombardé Paris, pendant deux mois, promené, pendant huit jours, le meurtre, le pillage, l'incendie dans la capitale de là France, éventrée par ses obus à pétrole.

Le gouvernement montra, d'abord, quelque forfanterie. Jules Favre jura qu'il ne céderait « ni un pouce de territoire, ni une pierre des forteresses, » comme Ducrot devait jurer plus tard de ne rentrer que « mort ou victorieux, » comme . Trochu, décidé à la capitulation, jurait, huit jours avant cette capitulation, que « le gouverneur de Paris ne capitulerait jamais! »

Il est vrai qu'il donnait sa démission de *gouverneur de Paris*, le 22 janvier, ajoutant un tour de passe-passe à un mensonge.

Du reste, ils mentaient tous à qui mieux mieux, avec une sorte d'émulation joyeuse, comme s'ils eussent été payés aux pièces; — je veux dire, au mensonge.

Ce sont les mêmes hommes encore qui, le 31 octobre, juraient également de faire élire le conseil communal de Paris, et de ne poursuivre

---

(1) Parole de Thiers.

aucun citoyen pour la part prise au mouvement. Le lendemain, ils remplaçaient les élections promises par un *plébiscite* à leur bénéfice, et faisaient arrêter ceux qui s'étaient fiés à leur parole.

Il faut rendre cette justice au gouvernement de la défense nationale que jamais la France n'avait eu, à sa tête, de plus sinistres saltimbanques. Leur conduite entière est marquée d'un caractère particulier de vilenie qui les distinguera toujours.

On voit bien que ce gouvernement comptait, parmi ses membres influents, un faussaire, pour qui le simple mensonge n'était qu'un jeu et comme une plaisanterie sans conséquence.

Comment auraient-ils pu sauver l'honneur du pays, ces gens qui faisaient ainsi fumier de leur propre honneur, et s'y vautraient avec cet impudique laisser-aller?

Quittons cette écurie, et retournons à la rue. Il y a là un grand peuple qui a faim, qui a froid, et qui demande à s'ensevelir sous les ruines de Paris, plutôt que de forfaire au devoir.

Tout le monde connaît Paris, cette ville du luxe, de la lumière et des plaisirs, que la Galiffet, s'y trouvant en compagnie de la Montijo, prit pour un lupanar.

Cela est grand et brillant, bruyant et joyeux. Les richesses du monde entier s'y sont donné rendez-vous.

Il y a des villes plus immenses, il y a des villes plus coquettes, il y a des villes mieux situées, dont le climat est plus beau, le ciel plus pur, que la nature et les arts ont plus choyé : — il n'y a qu'un Paris.

C'est le laboratoire immense de la pensée

française, le cerveau enfiévré et puissant d'un peuple nerveux, impressionnable, marchant à travers l'histoire par bonds prodigieux, suivis de chutes effroyables, se relevant, retombant, reprenant son vol, et, chaque fois qu'il est debout, marquant de son sang généreux, versé à flots, une nouvelle étape de l'humanité vers le progrès.

Il a de ces brusques changements qui tiennent de la féerie. Hier, c'était la ville de joie impériale; aujourd'hui, c'est la cité de l'austère devoir patriotique; demain, ce sera le volcan révolutionnaire roulant sa lave héroïque sur le vieux monde effaré du privilége et de l'iniquité.

Il faut avoir vu un de ces changements inouïs, pour en comprendre l'étrange grandeur, l'originale beauté.

Cette population que l'on croyait, depuis vingt ans, efféminée, gangrenée jusqu'à la moëlle, qui ne montrait au-dehors que ses filles, ses petits crevés, sa magistrature déshonorée, son clergé à plat ventre, ses généraux éclos dans le charnier du 2 Décembre, son Corps législatif où présidait Schneider, son Sénat grotesque, ses Granier de Cassagnac, ses de Pène, ses Tarbé et ses Villemessant faisant trottoir pour le compte de l'Empire, cette population se retrouva, se nettoya, s'épura, se redressa en quelques heures.

Paris devint un vaste camp où, nuit et jour, un peuple entier veillait en armes sur le salut de la cité.

Dans les promenades, dans les squares, le long des boulevards et des rues, dans le plus petit carrefour, partout où l'on pouvait aligner dix hommes, les citoyens faisaient l'exercice, au soleil, à la pluie, à la neige, avec un zèle patient et persévérant que rien ne lassait.

Et, chose curieuse, non seulement cette population donnait des preuves d'une énergie morale incroyable, mais aussi d'une vigueur physique encore plus surprenante.

Ces hommes, habitués souvent à une vie sédentaire, molle et malsaine, ou surmenés par un travail excessif, employés, petits boutiquiers, *calicots*, ouvriers d'ateliers, les uns trop gros et ventrus, les autres trop maigres et fluets, passaient les nuits au rempart, sans dormir, exposés aux rigueurs d'un froid exceptionnel, n'en paraissaient pas incommodés, rentraient après vingt-quatre heures de ce service pénible, se reposaient douze heures, et repartaient joyeux et dispos.

Ajoutons que la plupart étaient mal vêtus, n'ayant ni capotes, ni peaux de mouton, ni paille, comme les soldats, à peine protégés par la mauvaise vareuse et le pantalon transparent qu'ils devaient à la munificence du gouvernement.

Quelques-uns moururent de maladies contractées de la sorte, mais l'immense majorité ne souffrit point de ce nouveau régime, et, en peu de temps, je l'ai déjà dit, les bataillons de marche, composés des hommes les plus jeunes et les plus robustes, offrirent un aspect martial et vigoureux, qui faisait l'admiration du public et le désespoir de Trochu.

Il fallut bientôt ajouter à toutes ces fatigues, le manque de nourriture ou une nourriture insuffisante.

En effet, le gouvernement n'ayant jamais voulu procéder au rationnement sérieux des provisions considérables entassées dans Paris, ni consentir à en faire la distribution équitable et gratuite à tous les citoyens, sauf à faire supporter une partie de cette dépense aux riches, qui eussent remboursé leur part, sous forme d'un impôt versé dans les caisses de l'Etat, il y eut bientôt, parmi les personnes sans fortune, une misère cruelle.

Les hommes de la défense nationale crurent avoir paré à tout, en accordant aux gardes nationaux *qui en feraient la demande,* un subside de fr. 1-50 par jour, et à leurs femmes légitimes, de 75 centimes.

Ainsi les ouvriers se trouvaient réduits, pour unique ressource, eux et leur famille souvent nombreuse, à une somme de fr. 2-25 par jour, dans un moment où les denrées avaient atteint un prix fabuleux, inabordable même aux bourses moyennes.

Avec ces quarante-cinq sous, il fallait acheter le chauffage et le charbon, devenus introuvables, payer la ration insuffisante de viande et de pain, distribuée à jours fixes, dans chaque arrondissement, par les soins des mairies. Cela était tellement dérisoire, tellement impossible, que beaucoup de femmes du peuple vendaient leur carte de boucherie aux gens riches, qui se trouvaient ainsi avoir plusieurs rations supplémentaires à bon compte.

« Que voulez-vous que je fasse de ma carte? disaient ces pauvres femmes; je n'ai pas de quoi payer la viande qu'elle me procurerait. »

Ces malheureuses achetaient, avec le produit de cette vente, quelques résidus immondes ou un peu de charbon; puis, cette maigre ressource épuisée, allaient se faire inscrire aux indigents.

Plutôt que d'accomplir un acte juste, mais qui aurait eu un caractère démocratique, en privant les millionnaires de la satisfaction de se payer

des poulets gras (1), quand le peuple mourait
de faim, et certains commerçants de la faculté de
s'enrichir aux dépens de la misère publique, le

---

(1) On lit dans le *Radical* du 21 mars 1872 :

Vous savez combien de gens moururent de faim pendant le siége.
C'est que Brébant n'était pas de leurs amis. Les amis de Brébant n'ont
manqué de rien, eux; bien au contraire, ils ont fait bombance, ils ont
fait ripaille.

Ces braves étaient quatorze, de bons camarades, de joyeux vivants,
amis des vers aimables et des flacons juseurs.

Deux fois par mois, ils s'en allaient à heure dite, au rendez-vous
commun, se faisant jour, des épaules et des coudes, à travers les longues files de pauvres femmes attardées au coin des rues, devant les
boulangeries et les boucheries; ce spectacle d'enfants hâves et de
vieillards piétinant dans la boue, les mettait en appétit; d'un pas
philosophiquement allègre, ils gagnaient le boulevard Montmartre,
poussaient, le sourire aux lèvres, la porte de Brébant; là, pendant que
Paris, sans pain, serrait d'un cran son ceinturon de garde national,
eux, repus, crevant d'indigestion, lâchaient le premier bouton, puis le
deuxième.

Venait l'heure où les obus pleuvaient sur la rive gauche, ces
messieurs, bien en sûreté sur la rive droite, réclamaient le champagne;
les bouchons volaient au plafond, un joyeux bombardement commençait, et ce bombardement, mêlé d'éclats de rire et de propos malins, les
faisait pâmer d'aise.

On n'oublie pas ces choses-là; le cœur peut manquer de mémoire,
le ventre jamais. Ces messieurs ont tenu à le bien prouver. Ils ont
donc fait frapper à la Monnaie de Paris une médaille en or fin, d'une
valeur de trois cents francs, en l'honneur de Brébant, de ce restaurateur, de cet ami, de ce dieu, qui fit tant de prodiges pour leur estomac.

Sur la face, on lit :

Pendant
le siége de Paris
quelques personnes ayant
accoutumé de se réunir chez M. Brébant,
tous les quinze jours, ne se sont pas, une seule
fois, aperçues qu'elles dînaient dans
une ville de deux millions
d'âmes assiégées
1870-1871.

Au revers :

A M. PAUL BRÉBANT

Ernest Renan,	Ch. Edmond,
P. de Saint-Victor,	Thurot,
M. Berthelot,	J. Bertrand,
Ch. Blanc,	Marey,
Scherer,	E. de Goncourt,
Dumesnil,	T. Gauthier,
A. Nefftzer,	A. Hébrard.

Ces quatorze noms, burinés dans l'or fin, apprendront aux races
futures comment on se console des souffrances publiques, quand on est
un philosophe comme M. Renan, un poète comme M. Théophile
Gauthier, un romancier comme M. de Goncourt, un critique comme
M. Paul de Saint-Victor.   ALFRED DÉBERLE.

gouvernement préféra organiser l'aumôme ruineuse et démoralisatrice sur la plus vaste échelle.

Bientôt les trois quarts de la population parisienne ne vécurent que de la bienfaisance officielle et privée (1).

Il est vrai que M. Clamageran, qui avait une gastrite, pouvait, de la sorte, se procurer du vrai filet, et que les gens de l'hôtel de ville mangèrent du veau et eurent du beurre frais, jusqu'au dernier jour (2).

Il y avait aussi quelque chose de particulièrement odieux et inique à n'avoir accordé un secours pécuniaire qu'à la femme *légitime* du garde national, dans une ville où le tiers environ des unions n'ont pas été consacrées par la loi. J'ai vu plus d'un brave ouvrier, plus d'un honnête employé, pleurer de rage, en étant obligé de déclarer publiquement, devant toute sa compagnie, que la mère de ses enfants, que la compagne de sa vie, n'était qu'une *concubine !*

Celui-là, avec ses *trente sous,* devait forcément nourrir femme et enfants, ou les condamner à recourir à la mendicité près de la mairie de son quartier.

J'insiste sur tous ces détails, déjà bien connus, afin de faire comprendre ce qu'il fallut de dévouement et d'énergie à ce peuple de Paris, pour résister à l'action de tant de causes de dégoût et

---

(1) Dans le quatrième arrondissement, qui est un arrondissement de bourgeoisie moyenne, en majeure partie, et qui compte trente-deux mille électeurs, nous avions *vingt-cinq mille assistés.* Dans les quartiers pauvres, le chiffre monta jusqu'aux neuf dixièmes de la population.

(2) On entretenait, à grands frais, un troupeau de vaches pour le café au lait de mesdames Jules Simon et consorts, et l'on égorgeait, en cachette, dans les souterrains de l'hôtel de ville, des veaux et autres animaux de boucherie, pour la table des membres du gouvernement. Faits constatés pendant la Commune.

de démoralisation, afin de prouver quels obstacles il eut à surmonter pour conserver vis-à-vis de l'ennemi cette tenue digne et indomptable qui fit l'admiration de l'Europe.

Ce fut donc bien le peuple, *le peuple seul,* qui voulut la résistance quand même, la guerre à outrance, malgré la volonté du gouvernement, malgré les mille souffrances gratuites qu'on lui imposait à dessein pour l'amener à la lassitude.

Dans une ville assiégée, surtout quand cette ville contient d'immenses richesses et d'extrêmes misères, le rôle des chefs qui la commandent est de pousser à la lutte, de réveiller le patriotisme, d'échauffer les cœurs, de surexciter les courages.

A Paris, rien de pareil. Toutes les dépêches, toutes les proclamations officielles, étaient calculées pour semer le découragement.

Les proclamations de Trochu, en particulier, pouvaient toutes se résumer en ces quatre mots :

— Frères, il faut mourir !

C'était lugubre et grotesque ; et je me suis souvent demandé comment ce peuple impressionnable à l'excès, plein d'imagination, facile à l'enthousiasme et qu'on croit facile à l'abattement, avait pu résister à un semblable régime.

Rien n'y fit. Loin de s'abattre, il se surexcitait chaque jour. Les mauvaises nouvelles, les souffrances, les défaites, l'enfonçaient davantage dans sa résolution de vaincre ou de mourir.

Il s'irritait contre le gouvernement, l'accusait d'incapacité et de lâcheté ; mais ne songeait pas qu'il pût, lui-même, mettre un terme à ses souffrances, par une lâcheté !

Plus on le poussait vers la capitulation, plus il se raidissait pour la bataille.

Quand, après une longue attente, un *statu quo*

énervant, plus contraire à son tempérament d'action que les plus cruels malheurs, Trochu annonça d'un air triomphant que les Prussiens allaient enfin commencer le bombardement, ce fut presque une joie dans Paris.

Le bombardement, c'était du nouveau, de l'action... en sens contraire, mais de l'action.

Ce fut à la mairie du neuvième arrondissement que je lus cette affiche. Il y avait là un rassemblement.

— *Ils vont nous bombarder,* s'écria un ouvrier; *allons! tant mieux! Ça nous réchauffera!* (1)

Et la foule se mit à rire.

Les Allemands, qui comptaient sur le *moment psychologique,* ne connaissent pas les Français.

Le bombardement fut, en effet, bien reçu par la population parisienne. On ne voulait pas la mener aux coups, les coups venaient à elle : qu'ils soient les bienvenus.

On vit alors ce spectacle singulier d'une population, hommes, femmes, enfants, qu'il fallait supplier de ne pas courir après les obus et de ne pas se rassembler dans les quartiers bombardés.

Les habitants de ces quartiers ne voulaient pas déménager, et ne quittaient leur maison qu'alors qu'elle était éventrée. Encore y en avait-il qui restaient là.

Les queues à la porte des boulangeries, composées exclusivement de femmes, ne bronchaient pas sous la mitraille.

Les obus tombaient à quelques pas. Personne ne bougeait.

— Tiens, les Prussiens qui nous envoient des *prunes,* disait-on ; et l'on riait encore.

---

(1) Textuel.

Le bombardement n'eut donc d'autre effet que de rendre les journaux plus intéressants, d'offrir aux Parisiens un spectacle sur lequel ils n'étaient point blasés, et de créer une industrie aux gamins de Paris qui couraient après les projectiles, pour les revendre ensuite aux amateurs.

Trochu n'avait pas de chance !

Du reste, cette gaieté, que blâment les imbéciles qui prennent la gravité pour de la profondeur et la lourdeur pour du génie, oubliant que les animaux les plus stupides, tels que le bœuf, sont les plus graves, cette gaieté est un des caractères marquants de l'esprit français.

Les Parisiens, notamment, en donnèrent de charmants, je dirai même d'admirables exemples. La gaieté ajoute à la bravoure quelque chose d'aimable, qui en rehausse l'attrait, et le devoir austère accompli le sourire aux lèvres se revêt de grâce, sans rien perdre de sa grandeur.

Fi des vertus maussades ! On y sent trop l'effort, qui gâte tout. Ce ne sont que des demi-vertus.

Qu'on appelle tant qu'on voudra *légèreté* cet héroïsme riant. N'est-ce pas grâce à cette heureuse légèreté que ce peuple franchit les siècles d'un bond, et marque, au loin, l'étape où devra, désormais, passer l'humanité ?

S'il tombe, c'est qu'il court, c'est qu'il vole. Vous qui rampez, vous ne connaîtrez jamais ses chutes, mais aussi trouveriez-vous votre chemin, s'il ne le traçait devant vous, éviteriez-vous les abîmes, s'il ne les rougissait de son sang intarissable ?

Ces *fédérés* indomptables qui moururent sans une faiblesse sous les balles versaillaises, que de fois je les ai vus, pendant le siége, pour charmer leur inaction, *jouer au bouchon* sur les remparts labourés d'obus, ou former des quadrilles et danser sous la mitraille :

Dansons la carmagnole!
Vive le son
Du canon !

Pour compléter l'aspect de Paris pendant le siége, il faut parler des femmes, qui furent admirables, quoique souffrant infiniment plus que les hommes.

Elles promirent, alors, ce qu'elles devaient tenir ensuite pendant la Commune.

Les femmes donnèrent tous les exemples de courage, d'abnégation, d'héroïsme.

Souffrant comme *épouses,* comme *mères,* comme *sœurs,* quand leur mari, leur amant, leurs fils, leurs frères, allaient aux avant-postes, sous le feu des Prussiens; souffrant comme *ménagères,* quand il fallait, avec rien, faire quelque chose, préparer sans feu des aliments nauséabonds ; restant seules avec la faim et le froid, au logis sans pain, sans bois, entourées de petits enfants qui dépérissaient faute d'exercice et de nourriture ; se levant, en hiver, au milieu de la nuit, par la neige, la bise ou la pluie, pour faire queue à la porte du boulanger, quelquefois depuis quatre heures du matin jusqu'à midi : on n'entendit pas une seule plainte sortir de leur bouche.

Et cependant plus d'une s'évanouit de fatigue et d'épuisement pendant ces longues attentes.

Elles aussi voulaient *la résistance à outrance, la sortie en masse.*

Le mari n'eût pas osé hésiter devant sa femme, exprimer une crainte ou une espérance lâche.

Un bataillon ayant fléchi devant l'ennemi, quand il rentra, les femmes l'accueillirent par

des huées, sortirent dans la rue et souffletèrent
leurs hommes.

Ce bataillon fut héroïque après.

On les vit partout ces femmes de cœur, —
celles que le *Figaro* devait appeler *la femelle du
fédéré,* — dans l'ambulance, aux avant-postes
sous les balles, aux cantines sous les bombes,
et pas une ne demanda la capitulation.

Elles eurent, d'ailleurs, leur récompense.

Versailles les traita comme les hommes dont
elles avaient partagé les dangers et les vertus.
— Il les assassina !

Tel fut le peuple de Paris, pendant le premier
siége.

V

LE PEUPLE SE SENT TRAHI. — LE 31 OCTOBRE.
LE 22 JANVIER.

Cependant la colère et le dégoût montaient du
cœur au cerveau et menaçaient d'ajouter, dans
Paris, les horreurs de la guerre civile aux horreurs de la guerre étrangère.

Les illusions tombaient une à une. — Il devenait évident que le gouvernement ne voulait rien
faire, perdait le temps, gaspillait les vivres, et
nous conduisait fatalement au jour où, faute de
pain, il faudrait ouvrir aux Prussiens les portes
de la capitale.

On savait que Thiers parcourait les cours d'Europe, et faisait faire antichambre chez les rois à
la France humiliée, à la République déshonorée.

On savait que de telles mains ne nous rapporteraient que de la honte, qu'entre ce représentant de la réaction la plus forcenée et la plus féroce, et les rois, nos ennemis, il ne pouvait se tramer que d'odieux marchandages aboutissant à la perte du peuple, — dût la patrie elle-même payer les arrhes du marché.

On frémissait de voir, dans Paris même, trois à quatre cent mille hommes armés, réduits à l'inaction, à l'impuissance, quand ces hommes offraient, pour la plupart, leur énergie et leur dévouement sans compter.

Deux catastrophes hâtèrent l'explosion : le *massacre du Bourget* et la *capitulation de Metz,* livrée par Bazaine.

A ces calamités, le gouvernement, pour les marquer de son cachet, joignit le plus méprisable et le plus audacieux des mensonges.

Ayant en main la dépêche qui annonçait la capitulation de Metz, capitulation révélée par Rochefort à Flourens, qui l'avait redit à Félix Pyat, le gouvernement nia impudemment cette capitulation, dans le *Journal officiel.* Le surlendemain, il se voyait contraint d'en faire afficher la nouvelle sur tous les murs de la ville.

Nous sommes arrivés au 31 octobre.

Je ne raconterai pas cette journée. Je n'y étais pas, et je ne veux parler que des choses que j'ai vues de mes propres yeux (1).

J'en ai donc su seulement ce qu'en dirent les journaux, et ce que m'en rapportèrent quelques amis qui venaient, heure par heure, me tenir au courant de la situation. Mais ce que j'affirme

_____

(1) J'étais au lit à la suite d'une grave maladie contractée aux avant-postes.

d'une façon certaine, c'est que les bons citoyens qui tentèrent ce mouvement avaient pour eux le droit et la vérité, c'est que la République et la France eussent probablement été sauvées, si le mouvement avait réussi.

Faute de plan et d'entente préalable, par suite surtout de la générosité intempestive des prétendus insurgés, qui, recommençant alors la faute commise déjà au 4 septembre, laissèrent fuir les adversaires qu'ils tenaient sous la main, le mouvement échoua, et le gouvernement vainqueur profita de sa victoire pour violer toutes ses promesses, tous ses serments. Il revint même sur l'engagement pris, quelques heures auparavant, en face des maires et des adjoints réunis à l'hôtel de ville. — Cet engagement était de faire procéder à l'élection immédiate d'un conseil municipal.

Les Favre et les Trochu remplacèrent cette élection par un vote de confiance qui confirmait leurs pouvoirs, et comme les vainqueurs ont toujours raison, les voix ne leur manquèrent pas (1).

Tout était perdu et bien perdu.

Néanmoins l'action sert toujours à quelque chose. Le mouvement du 31 octobre, même vaincu, contraignit le gouvernement à l'organisation des bataillons de marche, mit fin aux pourparlers d'armistice, et prolongea le siége de façon, du moins, à sauver l'honneur du peuple de Paris.

Le peuple n'a que ça : il y tient!

On gagna de la sorte le mois de janvier, et les illusions de la population, la plus tenace aux illusions, finirent par s'envoler l'une après l'autre.

---

(1) A la suite de cette escobarderie, un grand nombre de maires et d'adjoints donnèrent leur démission.

Toutes les sorties, d'abord victorieuses, avaient échoué. La famine était venue avec le rationnement du pain; puis, comme ce rationnement, qui enlevait aux habitants plus de la moitié de leur nourriture sérieuse, ne soulevait aucune protestation, n'amenait aucune demande de capitulation, le gouvernement, poussé à bout, fit confectionner un pain composé de balayures, de paille, d'avoine, de riz et de détritus de lentilles que les estomacs les moins délicats pouvaient à peine supporter.

Tout fut inutile! La garde nationale n'en réclamait qu'avec plus d'énergie la sortie en masse.

« Puisque le pain va manquer, disait-on, il n'y a plus à hésiter; il faut tenter un suprême effort, réunir toutes les forces viriles de la défense sur un ou deux points, faire une trouée et aller rejoindre les armées de la province. »

Paris, abandonné aux gardes nationaux *sédentaires,* aurait succombé, mais cela importait peu, puisque les deux cent mille hommes de l'armée régulière et des *bataillons de marche* sauvaient de la sorte leurs armes et leur liberté, et apportaient leur concours aux autres défenseurs organisés par Gambetta.

Je ne sais si ce plan était pratique, mais il valait bien la reddition pure et simple, et nous aurait coûté moins de sang que le sac de Paris, au mois de mai, par les Versaillais.

Pendant que les hommes armés de la grande cité nourrissaient ces projets héroïques, pendant qu'ils réclamaient la *guerre à outrance,* la *sortie en masse,* et préféraient la mort à la honte, le gouvernement agissait sur l'armée régulière.

Là, parmi la ligne et les mobiles, on avait organisé une propagande des plus actives : la

propagande de la démoralisation et de la lâcheté !
Les officiers, sachant bien que cela aiderait à
leur avancement, démontraient à leurs soldats
que la résistance était inutile et leur faisaient
crier : *Vive la paix !*

Ils allaient plus loin, ils se livraient à une
œuvre plus basse et plus infâme encore : ils
excitaient la jalousie et les colères de l'armée
contre la garde nationale. Ils la peignaient comme
étant lâche et ne demandant la continuation de la
guerre que pour toucher ses *trente sous* et vivre
dans l'oisiveté.

On laissait, à dessein, les régiments aux
avant-postes, dévorés par la vermine, accablés
de fatigue, en leur disant que la garde nationale
refusait de les relever, quand, au contraire, elle
suppliait qu'on voulût bien la charger *seule* du
service de l'enceinte, des forts et des avant-
postes, afin qu'on pût mobiliser toute l'armée
régulière et l'employer d'une façon plus utile,
quand elle réclamait à grands cris qu'on lui
accordât la joie d'accompagner ou de précéder
les soldats dans les sorties.

Ce lent travail de calomnie, cette odieuse
conspiration, ne tardèrent pas à porter leurs
fruits.

Les gardes nationaux qui se rendaient à leur
service en chantant des chants patriotiques, ne
pouvaient plus passer à travers les lignes de la
mobile et de l'armée, sans être insultés, sifflés
ou raillés.

— *Voilà les trente sous ! Voilà les guerre à
outrance !* leur criait-on. Vive la paix !

— Vive la République ! A bas les Prussiens !
répondaient les citoyens.

Et pendant que l'armée apprenait la haine des

Parisiens, les Parisiens apprenaient le mépris de
l'armée, constataient son infériorité morale et
son inutilité.

On arriva de la sorte au 19 janvier.

La capitulation était résolue depuis longtemps
dans les conseils du gouvernement, et peut-être
déjà convenue *officieusement* avec Bismark. Il
fallait la hâter. Il fallait surtout éviter que la
garde nationale exaspérée ne refusât de l'accepter, ce qui était fort à craindre, et ne la déjouât
par son attitude, comme elle avait déjà déjoué
l'armistice, au 31 octobre.

Pour cela on ne trouva qu'un moyen : envoyer
au feu la garde nationale elle-même, lui faire
faire cette fameuse sortie, qu'elle ne cessait
d'exiger avec une insistance de plus en plus
menaçante.

Le gouvernement, habitué à dissimuler la
lâcheté derrière le mensonge et la forfanterie,
croyait peut-être sincèrement à la lâcheté d'au-
trui.

Il espéra donc que la garde nationale fuirait
devant les Prussiens, et qu'une fois déshonorée,
elle accepterait avec reconnaissance la capitulation décidée.

D'ailleurs, toutes les précautions étaient prises
pour qu'elle fût vaincue, ou que, victorieuse, elle
ne pût profiter de la victoire.

Au pis-aller, en faisant casser la tête aux
gardes nationaux, on se serait toujours débarrassé d'un certain nombre d'hommes gênants.

— Ah! vous voulez vous battre, vous voulez
marcher contre les Prussiens! Eh bien! mes
amis, maintenant que tout est préparé pour la
défaite suprême, maintenant que votre effort,
conduit par nous, ne peut être qu'inutile, allez-y,

marchez de l'avant, faites-vous tuer, et soyez satisfaits. Vous aurez eu votre sortie !

Ce jour-là, Paris présenta un spectacle admirable et qui ne sortira plus de ma mémoire.

Dès le matin, on battit, à grand bruit, le rappel dans tous les quartiers, puis on fit traverser la ville, dans tous les sens, en plein jour, aux bataillons de marche. On les massa notamment sur le boulevard, à partir de la place du Château-d'Eau jusqu'à l'entrée du faubourg Montmartre.

On y mit toute l'ostentation et tout le temps possibles, afin que les Prussiens fussent bien prévenus qu'une attaque allait fondre sur eux, et pussent se préparer à la recevoir convenablement (1).

Ces bataillons de marche étaient magnifiques de tenue et de résolution. Jamais ils n'avaient été aussi nombreux. Chacun avait mis son point d'honneur à répondre à l'appel. Les femmes, les enfants étaient là. On voyait des hommes jeunes encore, mais déjà pères de famille, qui tenaient leur enfant d'une main, pendant que la femme portait le fusil, pour soulager son mari.

Au moment de partir, le père embrassait l'enfant, le remettait à quelque voisin faisant partie de la *sédentaire,* puis rejoignait son rang. La femme, alors, soit ouvrière, soit bien mise et en

---

(1) Paris fourmillait d'espions prussiens, qu'on n'arrêtait guère, et dont on ne fusilla pas un seul.

Jules Simon s'y opposa tout particulièrement. Il versa des larmes, en déclarant qu'il avait toujours combattu la peine de mort ; il n'eut pas de mal à gagner sa cause, il ne s'agissait que des ennemis de la France.

A l'égard de ces braves Prussiens, l'exquise sensibilité de Trochu et de Jules Favre égalait au moins la sensibilité du philanthrope Jules Simon.

Fusiller des espions ! Quelle horreur ! La fusillade, c'est bon pour les ouvriers parisiens, leurs femelles et leurs petits !

chapeau quelquefois, se plaçait à côté de lui et l'accompagnait le plus loin possible.

Souvent elle était pâle, jamais elle ne montrait de faiblesse. Sa présence était un encouragement, une excitation caressante à vaincre toute hésitation. A celui qui allait donner son sang, elle apportait son cœur, tout ce qu'elle pouvait donner.

Sa présence lui disait :

— Fais ton devoir, comme je fais le mien !

Quand il fallait se séparer, on s'embrassait fortement, mais sans larmes, ou, s'il y avait une larme dans les yeux, elle ne tombait que loin du mari-soldat, alors qu'il ne pouvait plus s'en trouver affaibli.

Qui a vu cette armée civique, n'en pourra plus jamais voir d'autre, sans dégoût.

Parmi les officiers qui marchaient en tête de cette troupe enthousiaste, je remarquai un grand nombre de chefs de l'*Association Internationale*. Après avoir organisé le peuple pour la défense des droits du travail contre les priviléges du capital, après avoir organisé les manifestations contre la guerre, à l'époque où Bonaparte faisait crier : « A Berlin ! » par ses agents de police, une fois la République proclamée et la patrie menacée, ils conduisaient leurs amis, leurs compagnons au feu, montrant ainsi que le vrai patriotisme et le vrai courage sont là seulement où règnent les idées de justice et de devoir, loin d'être l'apanage des capitaines Fracasse et de leurs soudards.

On sait quel fut le résultat de cette sortie.

La garde nationale s'y montra magnifique d'élan ; sans canons, mal commandée, ou trompée à dessein, elle enleva toutes les positions

ennemies et conquit l'admiration même de ces
soldats qu'on excitait contre elle depuis plusieurs
mois.

Guillaume épouvanté fit, ce jour-là, ses malles
à Versailles. Mais c'était compter sans Trochu.

Complétement déçu dans son espoir, il dut
faire sonner la retraite au milieu de la victoire,
et ramener, sous Paris, les gardes nationaux
stupéfaits, indignés.

La garde nationale n'avait pas fui !

La garde nationale avait été victorieuse ! !

Décidément, ces pauvres hommes du gouvernement jouaient de malheur !

Trochu, désespéré, inonda Paris de dépêches
lugubres, réclamant des brancards, des fourgons,
tous les chevaux, toutes les voitures disponibles,
pour enlever les morts et les blessés.

A lire ces dépêches, on aurait dit une effroyable
catastrophe, sans exemple dans l'histoire des
guerres.

Les fils et les maris s'étant refusés à avoir
peur, il fallait bien essayer d'épouvanter les femmes et les mères.

Peine perdue ! Elles restèrent stoïques.

Ah ! comme l'on comprend la haine des Thiers
et consorts contre cette population de Paris !

Puisqu'elle ne connaît point la peur, puisqu'elle rit du danger et des souffrances, il n'y a
qu'un moyen de la mâter : l'égorgement !

— *Morte la bête, mort le venin !* dit un vieux
proverbe dont nous devions voir l'application en
grand, pendant les épouvantables journées de
mai.

La garde nationale rentra exaspérée, et, de
Paris entier, il se leva un cri immense, unanime :
« A bas Trochu ! »

I.   3.

Le gouvernement avait produit l'effet contraire à celui qu'il espérait.

Dans cette sortie, les citoyens avaient pris confiance en eux-mêmes. Ils se sentaient, désormais, preuves en mains, de taille à lutter contre les Prussiens.

Leur courage et leur succès venaient de donner raison aux hommes du 31 octobre, à tous ceux qui, depuis le début du siége, réclamaient, comme seul moyen de salut, la mise en œuvre des forces populaires.

De ce sentiment général naquit, pour quelques hommes, l'idée d'une tentative suprême, qui échoua, trois jours après, *le 22 janvier*.

Mais, pour bien comprendre ce mouvement, il faut mettre en scène quelques éléments dont je n'ai pas encore parlé.

A la suite du 4 septembre, il s'était formé, dans Paris, plusieurs sociétés politiques. Les trois principales, en dehors des sociétés populaires, qui siégeaient à la *Corderie*, étaient *l'Union républicaine*, *les Défenseurs de la République* et *l'Alliance républicaine*.

L'Union républicaine, la première en date, se composait en majeure partie d'anciens représentants des Assemblées de 1848 à 1851, dispersés par le coup d'Etat.

Les éléments de *l'Alliance républicaine*, formée d'une scission opérée dans *l'Union*, étaient à peu près de même nature.

Quant aux *Défenseurs de la République*, ils avaient été fondés sous l'inspiration de M. Henri Brisson.

De ces trois sociétés, une seule joua un rôle actif dans le mouvement du 22 janvier, ce fut *l'Alliance républicaine*.

Elle comptait parmi ses membres les citoyens Delescluze, Ledru-Rollin, Razoua, Cournet, Lefèvre-Roncier, Tony-Révillon, Arthur Arnould, etc., etc.

C'était une société d'action. La présence de Delescluze prouvait surabondamment qu'on ne s'y amuserait pas aux niaiseries et aux bavardages du parlementarisme.

Comme dans toutes ces sociétés, composées des éléments les plus marquants, soit du parti radical, soit du parti socialiste, on ne séparait point le succès de la République du salut de la France.

Il est, en effet, à constater que ceux-là surtout qui ne voulaient entendre parler d'aucun arrangement avec les Prussiens, étaient les hommes qui avaient le plus combattu la déclaration de guerre et les sottes manifestations des premiers jours de juillet.

Ceci soit dit en passant, pour répondre aux calomnies qui ont représenté les hommes du 31 octobre, du 22 janvier et de la Commune, comme pactisant avec les ennemis de la France,

Tant que la guerre fut une œuvre d'ambition dynastique, au profit des Bonaparte, tous les réactionnaires brûlèrent d'enthousiasme et arborèrent un chauvinisme grotesque.

Quand elle devint une question de salut pour la France envahie, menacée, il n'y eut plus que les républicains, les socialistes et les révolutionnaires qui se montrèrent résolus à périr plutôt qu'à céder devant une agression sans motifs avouables, depuis la chute de Napoléon III.

A *l'Alliance républicaine,* comme à *la Corderie,* comme dans toutes les sections de *l'Internationale,* comme partout où vivait la foi démocratique, on cherchait les moyens d'éviter une capitulation que chacun voyait venir, résultat inévitable du *plan Trochu*, et qui revêtait les caractères d'une conspiration contre la République elle-même.

Dans le courant de janvier, les membres de *l'Alliance* nommèrent une commission où se trouvait Ledru-Rollin. Elle fut chargée de diverses démarches ayant pour but de se renseigner sur l'état vrai de la situation militaire, et surtout de chercher parmi les généraux, ou les officiers présents à Paris, un homme qui pût remplacer Trochu à la direction du siége.

Cette commission remplit activement son rôle, et quelques jours après, dans une réunion de *l'Alliance,* Ledru-Rolin nous fit verbalement le rapport de ses démarches et de leur résultat.

La commission avait frappé à toutes les portes, avait vu tous les généraux.

A tous, elle avait posé les mêmes questions :

« — Accepteriez-vous de remplacer Trochu au commandement militaire? »

" Que feriez-vous dans le cas où le gouvernement voudrait signer une capitulation? »

Tous répondirent sur la *première question :*

« — Certes, le général Trochu a fait de grandes
» fautes. On aurait pu conduire le siége d'autre
» sorte, et tirer un meilleur parti des ressources
» contenues dans Paris, ainsi que du dévouement
» de ses habitants. Mais, aujourd'hui, les choses
» sont arrivées à un tel point, que nous ne vou-
» lons pas accepter la responsabilité des évène-
» ments. Il est trop tard. Trochu a perdu la
» partie. Qu'il la joue jusqu'au bout. »

Sur la *seconde question,* il y eut moins d'unanimité.

Quelques-uns, parmi lesquels le fameux général Ducrot, déclarèrent que, le jour de la capitulation venu, et lorsqu'il n'y aurait plus d'espoir, « ils sauveraient l'honneur de l'armée ! »

Interrogés sur ce qu'ils entendaient par *sauver l'honneur de l'armée,* ils furent encore plus hésitants, et s'expliquèrent avec une foule de réticences. Néanmoins, il ressortit de leurs explications, notamment de celles du général Ducrot, qu'il s'agissait, avec l'armée régulière, de faire une trouée à travers les Prussiens et d'aller rejoindre l'armée de Chanzy, plutôt que de livrer les armes, les munitions et les hommes, comme avait fait Bazaine, à Metz.

En somme, il résultait de ces explications que même les généraux de l'entourage de Trochu reconnaissaient au moins son incapacité, mais que pas un de ces généraux ne se sentait assez de courage, de patriotisme ou de génie, pour essayer une œuvre de salut, pour assumer un dernier acte d'énergie.

Cependant l'impopularité de Trochu était arrivée à ce point, qu'il eût suffi de mettre en avant le nom d'un homme de guerre quelconque, pour que cet homme fût appelé immédiatement à remplacer le gouverneur de Paris.

La population entière aurait, à ce moment, imposé cette nomination aux gens de l'hôtel de ville.

Après avoir entendu ce rapport, la réunion décida qu'il n'y avait plus rien à attendre du monde officiel, et que le salut ne pouvait venir que d'un grand mouvement populaire reprenant l'œuvre du 31 octobre, et remettant la direction aux forces révolutionnaires, seules capables de tenter, de mener à bien un effort suprême.

Quant à cette promesse de *sauver l'honneur de l'armée,* venant d'hommes tels que le général Ducrot, elle ne trompa personne, et personne n'y crut.

Nous savons trop que l'honneur des généraux bonapartistes n'a rien de commun avec l'honneur des honnêtes gens.

On rédigea donc une proclamation signée des noms de tous les membres de *l'Alliance.*

Cette proclamation demandait l'élection d'une assemblée communale qui eût assumé la responsabilité d'une nouvelle direction des opérations militaires et d'une tentative suprême de salut (1).

On a dit qu'il était trop tard, et que la capitulation étant devenue inévitable, notre propre succès n'aurait eu d'autre résultat que de faire endosser par le parti révolutionnaire-socialiste la honte de la reddition de Paris.

Cela est possible, et je ne nierai pas que, chez

---

(1) Voici, d'ailleurs, le texte peu connu de cette proclamation :

« L'ALLIANCE RÉPUBLICAINE AU PEUPLE DE PARIS.

Les revers continus de l'armée de Paris, le défaut de mesures décisives, l'action mal dirigée succédant à l'inertie, un rationnement insuffisant, tout semble calculé pour lasser la patience.

Et cependant, le peuple veut combattre et vaincre.

S'y opposer, serait provoquer la guerre civile, que les républicains entendent éviter.

En face de l'ennemi, devant le danger de la Patrie, Paris assiégé, isolé, *devient l'unique arbitre de son sort.*

A Paris de choisir les citoyens qui dirigeront à la fois son administration et sa défense.

A Paris de les élire, non par voie plébiscitaire ou tumultuaire, mais par scrutin régulier.

L'Alliance républicaine s'adresse à l'ensemble des citoyens;

Invoque le péril public;

Demande que, dans LES QUARANTE-HUIT HEURES, les électeurs de Paris soient convoqués afin de nommer une Assemblée souveraine de DEUX CENTS représentants, élus proportionnellement à la population;

Demande encore que le citoyen DORIAN constitue la commission chargée de faire les élections. »

(Suivent les signatures, au nombre de cinquante-trois.)

la plupart d'entre nous, il y avait, à ce moment, plus de désespoir que de foi.

Toutefois, nous crûmes de notre devoir de protester jusqu'à la dernière heure et de tenter un dernier effort, faisant de bon cœur le sacrifice de nos personnalités, devenues odieuses ou ridicules en cas d'insuccès devant les Prussiens.

On peut se demander, néanmoins, si la partie était absolument désespérée, et si nous n'avions pas quelque droit d'agir ainsi que nous le faisions.

D'abord, *nous avions lieu de croire* (1) que les approvisionnements de Paris n'étaient pas aussi complétement épuisés qu'on l'affirmait.

Des hommes *en mesure de le savoir,* déclaraient sous le manteau qu'il y avait des vivres pour un mois ou deux, et, avec quelques semaines devant nous, il devenait possible de tenter un grand coup (2).

D'autre part, Chanzy, consulté à la même époque par Gambetta, répondait ceci :

« — *Je puis encore me faire battre pendant six mois.* »

----

(1) Après le 18 mars, quand la manutention du quai de Billy et toutes ses annexes dans Paris furent occupées au nom de la Commune, on trouva des quantités *énormes de farine, de froment, pommes de terre, riz, salaisons,* etc., etc., de quoi nourrir toute la population parisienne pendant un temps relativement considérable. — Ces approvisionnements, malgré l'incurie du gouvernement de la Défense nationale, qui en avait laissé pourrir une grande partie, suffirent, et au delà, à l'entretien de la garde nationale fédérée, pendant les deux mois que dura la Commune.

Il fut constaté également que la plus grande masse des vivres *envoyés par l'Angleterre à la population parisienne* à la suite de l'armistice, étaient restés dans les magasins de l'Etat.

Nous pourrions invoquer, au besoin, le témoignage de centaines de personnes qui ont constaté ces faits et sont prêtes à les certifier.

(2) Tout le monde savait, d'ailleurs, qu'il y avait dans Paris, chez les particuliers, des quantités de vivres cachés pour faire la hausse et qu'on eût pu rendre à la circulation par de sévères réquisitions, qui eussent été le strict devoir du gouvernement officiel au milieu des circonstances où nous nous débattions.

Six mois de défaites, mais c'était le salut! Les Prussiens n'eussent pas résisté jusqu'au bout à cette nécessité de vaincre toujours.

On disait que Gambetta était partisan de la continuation de la guerre, et se faisait fort d'avoir les moyens de la continuer, en effet.

On savait que la France était loin d'être épuisée en hommes, en argent, en ressources de toute nature.

La question se réduisait donc à ceci : empêcher la signature d'une paix honteuse qui était le suicide de la France, et livrerait certainement la République sans défense aux attaques des irréconciliables ennemis du peuple.

Pour arriver à ce résultat, on sacrifierait Paris, s'il le fallait, après avoir prolongé sa résistance jusqu'à la dernière extrémité, résistance qui encourageait et facilitait celle du reste de la France.

Paris, une fois vaincu, c'était une forteresse de moins, voilà tout; et la grande ville se sentait assez d'abnégation pour s'offrir en holocauste à la patrie, comme deux mois après, à la Révolution !

La Commune, maîtresse de Paris, Gambetta (1) avait carte blanche pour continuer la guerre, sans qu'on lui imposât un armistice qui jetait le pays aux Prussiens et la République à Thiers...

D'ailleurs, on pouvait toujours, avec 150,000

---

(1) En ce moment, à Paris, on croyait savoir de Gambetta, qu'il était, lui aussi, pour la guerre à outrance. On ignorait la véritable allure de sa conduite politique en province On avait surtout la conviction que la victoire serait *nécessairement* le triomphe du peuple et de la République, par conséquent de la Révolution.

N'est-il pas évident, en effet, que jamais la France victorieuse n'eût nommé cette chambre hideuse qui, après s'être agenouillée devant les Prussiens, s'est baignée dans le sang des Français ?

hommes, au moins, tenter de faire une trouée à travers les lignes de l'ennemi. Le succès était loin d'être certain, mais les choses les plus improbables, les plus insensées en apparence, sont quelquefois celles qui réussissent le mieux.

En tout cas, on ne risquait rien qui fût pire que la capitulation décidée par le gouvernement.

Après avoir pesé toutes ces considérations, on résolut donc d'agir. La proclamation votée, fut imprimée et affichée le 22 janvier, au matin.

La veille, on s'était mis en rapport avec quelques délégués des faubourgs et de plusieurs sections de l'*Internationale*, qui avaient promis le concours de leurs bataillons. Le rendez-vous général était pour deux heures, sur la place de l'Hôtel-de-Ville.

Le citoyen Lefèvre-Roncier offrit à Delescluze, à Ledru-Rollin et à quelques autres personnes de se réunir chez lui à partir de midi.

Il logeait rue de Rivoli, au n° 60, si je ne me trompe. En tout cas, de ses fenêtres on dominait la place de l'Hôtel-de-Ville, et on pouvait se rendre compte de ce qui allait se passer, sans y stationner longtemps à l'avance (1).

Deux nouvelles, connues le matin même du 22 janvier, contribuèrent à faire avorter le mouvement. Ces deux nouvelles, c'étaient la *démission de Trochu* et la *délivrance de Flourens*, qui, la veille au soir, avait été enlevé de la prison de Mazas, par quelques gardes nationaux.

Ces deux nouvelles modifièrent considérablement le mouvement de l'opinion publique.

---

(1) Blanqui, et son ami, le citoyen Regnard, s'étaient, de leur côté, installés au *Café de la Garde Nationale*, qui fait le coin de la rue de Rivoli, en face de l'hôtel de ville.

La démission de Trochu apaisa la plus grande colère de la foule. Elle crut, d'abord, qu'il y avait là une satisfaction accordée à ses justes griefs, et, sans faire attention au reste, sans se demander qui le remplaçait, s'abstint de paraître aux abords de l'hôtel de ville, se répétant avec joie :

« — Trochu n'est plus gouverneur de Paris ! »

D'autre part, en apprenant que Flourens avait recouvré sa liberté, l'inquiétude prit la bourgeoisie, pour qui ce nom était un épouvantail.

Elle entrevit tout à coup une tendance socialiste derrière le mouvement qui se préparait, et auquel elle se fût mêlée peut-être en partie, s'il avait conservé un caractère exclusivement patriotique (1).

On pouvait du moins espérer qu'elle ne s'y montrât pas hostile, qu'elle laissât faire, ou encourageât ceux qui agiraient.

Le nom de Flourens fit évanouir toutes ces belles dispositions ; de telle sorte que, les uns chantant victoire parce que Trochu n'était plus là, et les autres rentrant chez eux parce que Flourens les effrayait, la foule fut peu nombreuse sur la place de l'Hôtel-de-Ville, et peu de gardes nationaux se trouvèrent au rendez-vous.

Quand j'arrivai sur la place, il devait être environ une heure. En dehors des curieux, parmi lesquels beaucoup de femmes et d'enfants, il n'y avait là qu'un détachement de gardes nationaux appartenant, en majorité, au 61e bataillon, auquel s'étaient joints un certain nombre d'hommes des divers bataillons de Montmartre. Tous mar-

---

(1) Je n'entends parler que d'une portion mixte de la bourgeoisie, spéciale à Paris, et qui, sans être révolutionnaire, a montré plusieurs fois, pendant le siége, des velléités d'énergie et d'honnêteté.

chaient sous le commandement de Razoua (1).

J'attendis à peu près une demi-heure, mêlé à la foule, puis, ne voyant rien venir, je montai chez Lefèvre-Roncier, où était notre rendez-vous particulier.

Je trouvai là, en effet, la plupart des membres de *l'Alliance*, parmi lesquels Delescluze, Cournet, Ed. Levraud, etc., etc.

Ledru-Rollin, quoiqu'il l'eût promis, ne vint pas.

Quelques instants après, Razoua entra, suivi de T... (2). T... et Dereure (3), ayant demandé à être introduits auprès du gouvernement, moins pour lui exposer, comme délégués, les réclamations et les vœux de Paris, que pour s'assurer par eux-mêmes de l'état de défense de l'hôtel de ville, on les avait conduits tous deux devant Chaudey.

Celui-ci leur déclara qu'il était seul à l'hôtel de ville, les écouta, promit de transmettre leurs avis au gouvernement, et termina en disant qu'il était prêt à repousser la force par la force.

T... nous expliqua alors que l'hôtel de ville était dans un état formidable de défense. Des mitrailleuses occupaient la cour intérieure. Sur chaque marche de l'escalier, il y avait deux mobiles bretons. Des mobiles bretons occupaient également la salle du trône et toutes les croisées donnant sur la place.

---

(1) Razoua, élu commandant du 61ᵉ bataillon, avait été cassé à la suite du 31 octobre, et son procès était toujours pendant devant le conseil d'Etat. Au 19 janvier, il avait suivi son bataillon, avec ses galons de commandant, et un fusil, pour faire le coup de feu comme simple soldat.

(2) Ce citoyen étant à Paris, je crois inutile de donner son nom en toutes lettres.

(3) Ancien gérant de la *Marseillaise*, adjoint au maire de Montmartre.

Razoua nous annonça ensuite qu'il avait jugé prudent, vu leur petit nombre, de faire éloigner les gardes nationaux de Montmartre, que leur présence sur la place pouvait exposer d'un instant à l'autre à quelque décharge meurtrière.

Il les avait rangés en bon ordre près du square de la tour Saint-Jacques, le long de la grille, où ils devaient attendre les événements.

Au moment où l'on finissait de nous donner ces diverses explications, ou quelques minutes après, une certaine agitation qui se produisit dans la foule, fit descendre plusieurs d'entre nous sur la place.

Cette agitation était causée par l'arrivée d'une colonne de gardes nationaux. Ils débouchaient, tambours en tête, par la rue du Temple, et allèrent s'aligner devant les grilles de l'hôtel de ville.

Cette colonne était également fort peu nombreuse, quoique ayant l'air fort résolu. C'était le contingent des Batignolles, deux cents hommes environ (1).

Quelques secondes s'étaient à peine écoulées, lorsqu'une décharge effroyable, partie de l'hôtel de ville, alla semer la mort parmi cette foule inoffensive de curieux, de femmes, d'enfants, qui couvraient la place.

Thiers n'eût pas fait beaucoup mieux. C'était déjà son système, dont on commençait l'application à cet incorrigible peuple de Paris.

Cela fut si imprévu et si odieux tout à la fois, que la foule resta d'abord stupide et comme hébétée, avant de songer à la fuite.

---

(1) Le citoyen Malon les avait réunis, en faisant, ceint de son écharpe et accompagné de trois tambours, battre le rappel dans les principales rues des Batignolles.

Mais les balles continuaient de pleuvoir. La foule s'éparpilla, laissant derrière elle un certain nombre de corps étendus qui jonchaient le sol dans tous les sens (1).

Les gardes nationaux traversèrent alors la place, puis, parvenus à l'entrée de l'avenue Victoria, adossés contre le bâtiment municipal qui formait l'annexe de l'hôtel de ville, ils s'arrêtèrent, firent demi-tour à gauche, épaulèrent, et répondirent à l'attaque par un feu de peloton.

Jamais, je n'ai vu un mouvement accompli avec plus de sangfroid et une plus merveilleuse rectitude, et il me causa une véritable admiration, même à ce moment d'indignation et de trouble.

Après cette décharge, les gardes nationaux s'embusquèrent de côté et d'autre, et, pendant une demi-heure, ce fut un feu roulant, puis les coups cessèrent, et tout rentra dans le silence (2).

Tel fut le 22 janvier.

· Cela pouvait déjà donner un avant-goût des journées de mai. C'était la petite pièce qui précède la grande; le *lever de rideau,* en attendant le drame.

Eh bien, comme témoin oculaire, présent sur le lieu de l'action, en ayant suivi toutes les péripéties, je déclare que cette effroyable fusillade

---

(1) Il y eut une cinquantaine de blessés et de morts, parmi lesquels le commandant Sapia, républicain dévoué, qu'il ne faut pas confondre avec son homonyme, l'agent bonapartiste dévoilé au procès de Bourges.

(2) Il y eut une ébauche de barricade, faite, rue de Rivoli, avec trois omnibus renversés par les gardes nationaux que commandait Razoua.

Le héros de la journée fut le citoyen Malézieux, aujourd'hui condamné à la *déportation dans une enceinte fortifiée.*

Invulnérable au milieu d'une grêle de balles, il resta le dernier sur la place, après avoir brûlé ses quatre-vingts cartouches. Sa capote était trouée en plusieurs endroits, mais il ne fut ni blessé, ni pris.

sur une foule inoffensive, où, je le répète, les femmes et les enfants étaient en majorité, ne fut précédée d'*aucune sommation.*

Je déclare qu'à ce moment *il n'avait pas été tiré un seul coup de fusil par les gardes nationaux,* et que deux délégués, à cet instant même, parlementaient pour obtenir d'être introduits auprès des membres du gouvernement.

Les horreurs du sac de Paris par la soldatesque des Vinoy, des Mac-Mahon et du mari complaisant de la Galiffet, ont effacé des esprits le souvenir de cette première *récompense* accordée par la réaction au peuple de Paris pour son dévouement et ses souffrances pendant le siége.

C'était, en effet, simplement un *premier* avis aux Parisiens, que, la guerre étant finie, la France livrée aux Prussiens, et la République aux *ruraux,* leur tour allait venir.

Pour cimenter le pacte infâme, pour donner les arrhes du marché honteux, on jetait sur le pavé sanglant les cadavres de quelques citoyens français.

Thiers venait de recevoir son *denier à Dieu.* Il pouvait préparer l'appartement de l'assemblée versaillaise. — Agréable surprise, il y avait déjà du sang du peuple sur les lambris !

Pendant que le crime s'accomplissait, rien ne saurait rendre le désespoir de Delescluze.

Cet homme stoïque, tout de fer, qui ne plia ni ne recula jamais, et qui mourut, comme on sait, ce jour-là, pâle, tremblant, sans force et sans voix, cachait son visage dans ses mains pour échapper à la vision de cette horrible réalité, semblable à un cauchemar.

Il fallut l'emmener, appuyé sur le bras de deux amis.

C'est là qu'il dit ces paroles répétées, depuis, par lui, à la Commune :

« Si la Révolution succombe encore une fois, je ne lui survivrai pas ! »

Il tint son serment.

Le 22 janvier, Chaudey commandait seul à l'hôtel de ville !

VI

LA CAPITULATION. — LES ÉLECTIONS. — L'ENLÈ-VEMENT DES CANONS.—LES MANIFESTATIONS DE LA PLACE DE LA BASTILLE.

Six jours après le 22 *janvier*, c'est-à-dire le 28, la capitulation était signée.

Quoique la trahison fût prévue, et que tout le monde attendît le coup, ce coup causa une douleur aiguë et profonde.

La foule, dans les rues, avait l'air consterné.

Je vis, sur le boulevard, des femmes qui pleuraient.

Dans les groupes, on répandait le bruit que les marins refusaient de livrer les forts, et que l'amiral Saisset était décidé à se faire sauter plutôt que d'en ouvrir les portes aux Prussiens.

Les gens raisonnables haussaient les épaules, à ces récits fantastiques ; la masse populaire s'y cramponnait comme à un dernier espoir.

Ce peuple de Paris, qui passe pour sceptique et railleur, est, en effet, pris dans son ensemble, fort crédule ; mais, entendons-nous bien, crédule à sa façon et sur certains points seulement. Il ne

croit pas aux momeries religieuses ; il croit à
l'honnêteté, au courage, au dévouement.

La possibilité de la défaite et de la trahison,
l'hypocrisie et la lâcheté sont choses qui n'entrent
point dans son cerveau. Il en repousse l'idée
avec un acharnement et un entêtement inouïs.
Il n'est point défiant, et commence toujours par
nier l'infamie. Il y a chez lui un côté chevale-
resque qui l'égare : il ne veut pas prévoir le mal.

Qu'on lui prouve qu'un homme est un coquin,
il hésite et craint de se tromper. Qu'on lui raconte
du premier venu que c'est un héros, il le croit
d'emblée et s'embarque sur cette assurance.

Mais aussi, quand la défiance s'empare de lui,
elle le domine et l'entraîne au delà de la justice.
Il accuse tout, personne ne trouve grâce à ses
yeux, et, pour compenser un excès, il se jette
dans un excès contraire.

Ce ne sont là, d'ailleurs, que des crises passa-
gères, et bientôt la véritable nature reprend le
dessus.

Or, comme le 28 janvier, au soir, Paris bouil-
lonnait de colère et d'indignation, Paris, qui
s'était entiché des marins, et, par suite, des
amiraux qui les commandaient, crut tout naturellement que l'amiral Saisset partageait cette
colère et cette indignation.

Que les marins aient cédé la place aux Prussiens avec regret, d'accord, mais espérer de leurs
chefs autre chose qu'un stérile regret, si même
il exista chez les chefs supérieurs, c'était un
véritable enfantillage.

Amiral ou général, tout ça se vaut ! Attendre
de ces gens-là une folie héroïque, ou seulement
une initiative quelconque, c'est peine perdue.

L'habitude d'obéir et de commander a complétement oblitéré chez eux le sens moral. Ils ont un honneur qui n'est pas l'honneur, et qui s'appelle *honneur militaire.* Pourvu qu'ils rendent leur épée d'après certaines règles prévues par leur Code, cet honneur est sauf et leur conscience satisfaite.

Leur courage également est un courage à part, qui s'appelle le *courage militaire.* Ce courage consiste à ne point baisser la tête quand les obus sifflent aux oreilles ; mais il doit cesser aussitôt qu'à certaines murailles il y a certaines brèches de tant de centimètres carrés.

Leur demander un autre courage et un autre honneur, — sauf exception, cela va sans dire, — c'est comme si l'on demandait au laquais qu'on paie, de l'affection pour ses maîtres, en plus des services qu'il est tenu de leur rendre.

Quand il a frotté l'appartement, ou pansé les chevaux de *Monsieur,* que Monsieur agonise, s'il veut, le laquais a rempli son devoir, et il court se griser à l'office.

Quand une garnison a envoyé et reçu un nombre fixe d'obus, elle a rempli son devoir, et les officiers peuvent se promener, l'air fendant, la moustache en croc, sur les ruines de la France avilie et mourante.

Ils ont gagné leur solde, des grades et l'admiration de M. Thiers.

Les marins livrèrent donc les forts ; l'amiral Saisset mit la clef sous la porte et s'en alla, les mains dans ses poches, offrir ses congratulations au général Ducrot, qui les lui rendit.

L'armée régulière, dès longtemps préparée à ce dénouement qu'on lui avait appris à souhaiter avec impatience, déposa les armes sans aucun murmure, et se répandit dans les rues, l'air

I   4

content et quelque peu gouailleur à l'endroit de ces enragés de Parisiens.

On entendit même des soldats exprimer leur joie à haute voix, s'écrier : « Qu'ils se f... pas mal de la France et des Français, et que, ma foi, ils ne demandaient pas mieux que d'aller prisonniers en Allemagne, où l'on buvait, disait-on, d'excellente bière (1). »

Tel était le résultat de la propagande faite par les officiers bonapar.istes auprès de leurs hommes.

Je ne prétends pas que tous les soldats en fussent tombés à ce degré de cynisme et de démoralisation; mais, de cette paix conclue, l'ensemble n'éprouvait visiblement qu'une immense satisfaction.

C'était bien la graine de l'armée future de Versailles!

D'ailleurs, cela ne dura pas longtemps! La population leur donna de telles leçons, et leur infligea même de telles corrections... manuelles, lorsqu'ils poussaient l'impudeur trop loin, qu'en huit jours elle les eut mis au pas.

La semaine ne s'était pas écoulée que les soldats avaient remplacé leur air provocateur par un air fort penaud et passablement embarrassé (2).

---

(1) Ceci est *textuel*. J'affirme avoir moi-même entendu ces propos, comme d'ailleurs tous ceux que je cite dans ce travail.

(2) Il y avait cependant, parmi cette armée, quelques braves garçons qui, d'instinct partageaient les angoisses patriotiques de Paris, et n'eussent demandé qu'à faire leur devoir. J'en logeai moi-même un, pauvre mineur de Fourchambault, entré dans les chasseurs à pied. Mais celui-là, comme tous ceux qui avaient conservé le sentiment de l'honneur et l'amour de la patrie, se plaignait hautement de la trahison des chefs, et racontait, à ce sujet, une foule de détails caractéristiques que je ne puis rapporter ici.

La garde nationale, elle, n'eut pas à rendre ses fusils.

Jules Favre en a, depuis, demandé pardon « à Dieu et aux hommes ». — Ce regret est tout simplement une hypocrisie de plus à inscrire à son compte. Jules Favre sait fort bien qu'il ne dépendait pas de lui, ni d'aucun membre du gouvernement, de désarmer la garde nationale. S'il stipula que la garde nationale conserverait ses armes, qu'il se rassure et cesse de s'excuser, personne n'a jamais attribué cette stipulation à quelque sentiment d'honneur patriotique ou de bienveillance et d'admiration de sa part envers la garde nationale. — Il n'a cédé là qu'à la peur. — Il n'ignorait pas que le peuple de Paris n'eût point rendu ses fusils, ni ses canons. Si on les lui laissa, c'est qu'en voulant les lui ôter, on était à peu près certain que, dans sa colère, il déchirerait la capitulation et déjouerait le complot Thiers-Bismark-Favre.

Ses dispositions étaient telles que le bruit ayant couru, quelques jours après, que les Prussiens devaient, la nuit suivante, franchir l'enceinte et occuper les Champs-Elysées, plus de cent mille hommes en armes se portèrent spontanément à leur rencontre, vers minuit, décidés à les repousser par la force et à empêcher cette violation du sol de Paris.

Si l'on veut bien comprendre la beauté de ce mouvement d'indiscipline et de fierté, il faut d'abord se rendre compte qu'il fut *spontané,* je le répète, le gouvernement et beaucoup de commandants ayant tenté tous les moyens possibles pour l'entraver, ensuite qu'à ce moment les forts étaient occupés par les Prussiens, qui en avaient braqué les canons contre la ville.

En cas d'une collision, la ruine de Paris était donc assurée, et aucun des cent mille hommes partis au devant de l'ennemi, n'ignorait cette circonstance, n'en redoutait les conséquences.

Il y eut certainement plusieurs moments, pendant le siége, où la population aurait consenti à la destruction de la capitale, si on lui avait dit que cette destruction était le salut de la France et de la République (1).

Les Prussiens n'entrèrent pas cette nuit-là, et bien leur en prit. Mais ils eurent connaissance de la manifestation de la garde nationale, et cette manifestation contribua, sans doute, à la modestie de leur occupation, au commencement de mars.

Cependant les préoccupations électorales, sans adoucir la douleur patriotique des Parisiens, détournèrent un peu leurs idées, et donnèrent un dérivatif à leur irritation.

Si l'on ne pouvait plus sauver la France au point de vue de la sûreté et de l'honneur militaires, on pouvait, du moins, fonder la République.

Il avait été convenu que, sous l'œil des Prussiens occupant un tiers du territoire français, et sans que Paris pût communiquer avec le reste de la France, le pays serait appelé à nommer une Assemblée nationale chargée de trancher la question de paix ou de guerre.

Le temps accordé par Bismark pour ces élections, était absolument dérisoire. On vota donc dans une cave; Paris ignorant la situation de la province, la province ignorant la situation de Paris, et croyant, sur son compte, toutes les

---

(1) « *Plutôt Moscou que Sedan,* » était un mot qui courait les faubourgs, et qu'on applaudissait dans les clubs.

infamies débitées par les agents royalistes, bonapartistes, cléricaux et thieristes.

L'ignorance était profonde, absolue, des deux
côtés.

A Paris, qui a le tort de prêter ses sentiments
à l'univers entier et qui se perd souvent par cette
illusion funeste, à Paris, on se figurait la province
indignée et prête à tous les sacrifices pour continuer la guerre. On en jugeait par les proclamations martiales de Gambetta, parvenues jusqu'aux journaux parisiens.

En province, on se figurait, au contraire, que
la population de Paris avait montré une grande
lâcheté générale, que le parti républicain avait
pactisé avec les Prussiens et tenté de leur livrer
la ville, soit au 31 octobre, soit au 22 janvier.

D'autre part, les paysans, las de voir ravager
leurs champs par les deux armées, voulaient la
paix à tout prix.

La République récoltait là ce qu'avait semé
l'Empire, dont la seule habileté consista à creuser,
pendant vingt ans, un abîme entre les villes et
les campagnes, à développer outre mesure l'é-
goïsme personnel, les appétits grossiers et le
mépris de toutes les idées généreuses ou élevées.

De cet ensemble de circonstances devait sortir
l'Assemblée de Versailles (1), et ces circonstances
multiples, exceptionnelles, peuvent seules expli-

---

(1) Il faut compter encore et surtout l'influence de Gambetta, qui
conserva, en province, comme on avait fait à Paris, presque tous les
rouages de l'ancienne machine impériale, et, pour avoir refusé de
s'appuyer sur les forces populaires et sincèrement démocratiques,
livra nécessairement la France à l'action victorieuse de tous les
conspirateurs de la monarchie, de tous les oiseaux de nuit du passé.

Son décret tardif, au moment des élections, contre les bonapartistes,
décret qu'il laissa confisquer par le doux Jules Simon, ne pouvait plus
rien sauver, et son unique résultat fut d'assurer l'élection de Gambetta
à Paris.

quer, sans la justifier, la nomination d'une Chambre où l'infamie et l'incapacité se mêlèrent à une dose telle qu'on insulterait le Sénat pourri de Tibère et le Parlement *Croupion* d'Angleterre, en les lui comparant.

Les élections, même à Paris, ne furent pas excellentes, faute de temps et d'entente commune, quoique leur signification restât, dans l'intention des électeurs, aussi radicale que possible, et revêtît le caractère d'une protestation unanime contre les agissements des hommes du 4 septembre.

A la faveur du scrutin de liste, portant sur quarante-trois candidats, les voix s'éparpillèrent à l'infini.

Le dépouillement des votes se fit au milieu d'un désordre épouvantable, encouragé, favorisé, créé par le gouvernement, qui, sans doute, y trouvait son compte. Ce dépouillement dura huit jours, et les totaux partiels, connus au fur et à mesure, changèrent dans les dernières vingt-quatre heures, avec une rapidité qui tenait de la prestidigitation.

Les voix accordées à Jules Favre et à Thiers eurent, en particulier, de ces soubresauts vertigineux, et se trouvèrent tout à coup accrues d'une façon stupéfiante qui rappelait le miracle de la multiplication des pains (1).

J'ai dit que les élections ne furent pas excellentes. En effet, il passa quelques hommes appartenant à l'armée, et que le peuple, dans son

---

(1) Je tiens de Charles Floquet ce détail, qu'étant allé à l'hôtel de ville vérifier lui-même le relevé des votes, il constata qu'il y avait, à son détriment, une erreur de dix mille voix, qu'il put faire réparer. *Ab uno disce omnes.* Que d'erreurs pareilles en sens divers !

ardent patriotisme, nomma parce qu'il les croyait
opposés à la capitulation, partisans de la guerre
à outrance, pour protester jusqu'au bout contre
une honteuse trahison.

Jules Favre, d'ailleurs, fut le seul des membres
du gouvernement qui sortit du scrutin, et, lorsqu'on se rappelle que Jules Favre a l'habitude
des faux, on s'étonne moins de cette élection,
inexplicable sans cela.

En effet, pas un des autres membres du gouvernement ne réunit, à Paris, même une minorité honorable.

Ils ne furent pas *cotés,* et le mépris public les
laissa dans le ruisseau.

Pourquoi eût-on fait exception en faveur de
Jules Favre? (1)

Quant à Thiers, il est probable que son élection
fut réelle, mais avec un nombre de voix inférieur
à celui qui lui fut attribué par le *Journal officiel.*

Thiers, n'étant pas à Paris, pendant le siége,
n'avait pu soulever les mêmes colères que les
hommes de l'hôtel de ville, et on était d'avance
certain qu'une partie de la bourgeoisie lui conserverait ses voix.

D'autre part, il n'assistait pas au dépouillement
du scrutin; mais son ami Jules Favre y présidait,
et, quand on possède les petits talents de société
de ce dernier, on peut bien en faire profiter la
vanité d'un complice politique.

Cependant, il y eut quelques faits remarquables
dans ces élections parisiennes, et qui pouvaient

---

(1) Le matin même de l'élection, Millière fit paraître, dans le *Ven-
geur*, le *dossier* de Jules Favre. Il était trop tard, à ce moment, pour
que cette publication pût exercer une influence sérieuse sur le résultat
du vote.

déjà faire pressentir le grand mouvement communaliste du 18 mars. Je veux parler de la nomination de deux ouvriers, membres tous deux de
l'*Association Internationale des Travailleurs*, et
nommés, à ce titre, avec une grande majorité,
les citoyens Malon et Tolain. Il faut mentionner
aussi l'élection de l'héroïque et infortuné Millière,
dont les ardentes convictions socialistes et la part
prise par lui au mouvement de l'*Internationale*,
n'étaient ignorées de personne. On ne doit pas
oublier non plus le citoyen Langlois, qui, depuis!... Quand on le nomma, ce fut non-seulement comme partisan de la guerre à outrance,
mais aussi comme socialiste, ayant pris part au
mouvement des réunions publiques vers la fin
de l'Empire.

Quelques radicaux révolutionnaires, particulièrement compromis dans les soulèvements du
31 octobre et du 22 janvier, dont l'opposition
contre Trochu et consorts avait été implacable,
les citoyens Delescluze, Félix Pyat, Cournet,
Razoua, passèrent également avec de belles
majorités.

Blanqui ne fut point nommé, mais il obtint
cinquante mille voix.

Victor Hugo, Louis Blanc, Garibaldi, occupaient la tête de la liste.

Pour le premier, c'était encore moins une élection politique et une protestation contre l'Empire,
qu'un hommage rendu à un homme de génie qui
est une gloire nationale.

L'élection de Garibaldi avait un double caractère : — C'était une marque de reconnaissance
envers l'étranger qui avait mis son épée au
service de la France vaincue, et c'était l'affirmation de la solidarité des peuples au sein de

la démocratie, de la *République universelle*.

Quant à Louis Blanc, le socialiste de 1848, la bourgeoisie qui vota pour lui montra, ce jour-là, un certain sens politique et fit preuve d'une appréciation exacte des caractères.—Louis Blanc ne devait pas tromper sa confiance.

Rochefort venait un peu après.

A ces quelques noms, il faut ajouter ceux de Gambetta et de Ranc, que leur lutte des derniers jours contre le *gouvernement de la défense nationale* fit nommer à Paris.

Dans les meilleurs centres de la province également on nomma Trochu, Jules Favre et Jules Simon, qu'on prenait de loin pour des héros, de bons républicains et d'honnêtes gens.

Tous ceux de ces députés qui appartenaient aux opinions avancées avaient un mandat uniforme, absolu, impératif, *sine quâ non : — Voter contre la paix; demander la mise en accusation des membres du gouvernement de la Défense nationale.*

On sait comment ceux qui sont restés à Versailles ont tenu leurs engagements en votant des remerciements à l'armée versaillaise pour l'égorgement des Parisiens, et en baisant la main sanglante de Thiers !

Les élections une fois terminées, les préoccupations prussiennes reprirent le dessus pendant quelques jours. Le moment approchait où l'armée de Guillaume devait occuper les Champs-Elysées, et le peuple de Paris ne pouvait se résoudre à accepter cette suprême humiliation.

Tout à coup le bruit se répandit que les canons de la garde nationale, payés par la garde nationale, pendant le siége, et qu'on avait parqués dans un terrain vague, près de la place de

Wagram, se trouvaient dans la zone d'occupation réservée aux Prussiens.

Vérification faite, la chose était vraie.

Y avait-il là calcul, ou simplement incurie du gouvernement ? C'est ce qu'il est difficile de savoir. En tout cas, la garde nationale résolut de sauver *ses* canons. Un bataillon du quatrième arrondissement eut l'initiative de ce mouvement (1). Conduit par son commandant, ce bataillon arriva au parc de la place Wagram, et malgré les objurgations, les menaces du citoyen Raspail fils (2), dont la batterie était de garde ce jour-là, les hommes s'emparèrent de leurs canons, et, les traînant à bras, les ramenèrent à la place des Vosges, à travers tout Paris.

Le signal une fois donné, rien ne put arrêter l'élan général. Un grand nombre de bataillons se rendirent successivement au parc, et enlevèrent, à bras d'hommes, les pièces qui leur appartenaient.

Les femmes et les enfants s'en mêlèrent.

On vit défiler sur le boulevard des pièces traînées par les femmes entourées de gardes nationaux en armes. Un officier, à cheval sur la pièce, tenait le drapeau déployé.

C'était vraiment un spectacle grandiose et qui rappelait les plus beaux jours d'enthousiasme de la première Révolution.

---

(1) Tous les détails qui suivent sont absolument authentiques. Je faisais, à ce moment, partie de l'artillerie de la garde nationale. J'étais là, et j'ai vu.

(2) Il fit même prévenir le général Vinoy pour lui demander du renfort, au risque d'amener une collision entre les troupes et la garde civique, la veille de l'entrée des Prussiens.

Je dois constater aussi que les artilleurs sous ses ordres, loin de lui obéir, aidèrent, pour la plupart, au déménagement des canons confiés à leur surveillance.

Un certain nombre de marins et même quelques soldats, gagnés par la fièvre générale, convertis par la propagande active de toute une population, se joignirent à ces cortéges.

Les munitions furent enlevées aussi, et, comme on manquait de moyens de transport, il se formait de longues chaînes où la foule se passait, de main en main, les obus et les boîtes à mitraille.

Tout cela, ne l'oublions pas, était chargé. Qu'un obus échappa de la main débile d'une femme, et la mort décimait ces braves citoyens. On eut beau les prévenir du danger, ils ne firent qu'en rire, disant qu'ils n'avaient pas le temps de prendre tant de précautions, que les Prussiens allaient entrer, et qu'il ne fallait pas qu'ils trouvassent une seule gargousse (1).

Les canons et les munitions furent répartis dans les faubourgs, à Batignolles, à Montmartre, à Belleville, sauf ceux que l'on avait déjà parqués place des Vosges.

Comme on le voit, cet enlèvement eut tout d'abord un caractère purement patriotique. Il s'agissait exclusivement de les mettre à l'abri des Prussiens. Le gouvernement, du reste, n'essaya point de s'y opposer. L'eût-il voulu, il ne le pouvait pas. La force dont il disposait, dix mille hommes, était insuffisante, et Paris, depuis la capitulation, appartenait réellement à la garde nationale, devenue seule maîtresse de la situation.

Paris n'avait plus de gouvernement. Les hommes de l'hôtel de ville étaient partis à Bordeaux;

---

(1) J'ai déjà signalé plusieurs fois jusqu'à quel point cette population parisienne a le mépris ou l'insouciance du danger, de même que la gaieté caractéristique qu'elle montre dans ces occasions spéciales.

l'armée était peu estimée et sans armes ; les généraux universellement méprisés. Aucune police
dans les rues. Pas un homme qui fût assez populaire, assez autorisé pour se faire écouter.

Nous n'avions qu'un pouvoir anonyme, représenté par M. *Tout le Monde.*

A ce moment, et c'est un point sur lequel je
ne saurais trop insister, parce qu'il est important
et semble avoir passé inaperçu, *la Commune
existait déjà de fait,* en ce sens que Paris, livré à
lui-même, séparé du gouvernement de Bordeaux
par la distance et par tous ses sentiments, vivait
de sa vie propre, ne relevait que de sa volonté
individuelle.

Il y avait bien, quelque part, un général de
Décembre, nommé Vinoy, mais sans autorité, ni
morale, ni matérielle, et personne ne s'en occu-
pait.

Le gouvernement Favre-Trochu avait fermé
les clubs à la suite du 22 janvier, et supprimé
deux journaux, mais les autres usaient d'une
grande liberté. Chose inouïe pour un Parisien, et
dont un Parisien seul (1) peut bien comprendre
toute la portée, le colportage, l'affichage eux-
mêmes étaient libres.

On criait les journaux et les brochures dans
les rues ; sur tous les murs on collait les articles
à sensation, les caricatures du jour, voire même
des placards signés : « Blanqui ».

Pendant quelques semaines, Paris jouit d'une
indépendance complète, absolue, qu'il n'avait
jamais connue, et qui le mit dans la situa-

---

(1) Il est bien entendu, chaque fois que j'emploie ce terme de Parisien, que je veux désigner celui qui habite Paris, et non pas seulement
celui qui est natif de Paris.

tion du *dormeur éveillé* des *Mille et une Nuits*.

Cette situation existait, d'ailleurs, en partie depuis le commencement du siége, mais tant que le canon avait grondé aux remparts, le drame militaire avait détourné les esprits de la réalité politique.

Eh bien, durant ces journées comme auparavant, il n'y eut pas un assassinat, pas un vol, pas une rixe, pas un tapage nocturne dans la vaste cité.

Partout les magasins s'ouvraient, et le commerce tendait à reprendre.

Seuls, certains journaux, organes de la police et chargés de préparer les voies au crime prémédité par le gouvernement, poussaient des cris d'alarme, et s'appliquaient à peindre Paris livré à l'anarchie, terrorisé par la Révolution.

C'est à ce moment unique que commencèrent les manifestations de la place de la Bastille, provoquées par la violence, les menaces, les fureurs séniles et les inepties honteuses de l'Assemblée de Bordeaux.

L'anniversaire du 24 février en fut l'occasion.

Ce jour-là, un certain nombre de délégués de bataillons se rendirent, sans armes, au pied de la colonne de Juillet, pour y déposer des drapeaux et d'immenses couronnes d'immortelles. On y prononça quelques discours. Le lendemain, les manifestations s'accentuèrent et les députations devinrent plus nombreuses.

La foule aussi, prévenue de ce qui se passait, s'y rendit à son tour, afin d'assister au défilé, d'applaudir, de mêler ses acclamations à celles des gardes nationaux. Le soir, la colonne était illuminée.

Les bataillons, au lieu d'envoyer quelques délégués, ne tardèrent pas à venir au complet et en armes, tambours en tête, drapeau déployé.

Arrivés sur la place, les tambours battaient aux champs, le bataillon faisait lentement le tour de la colonne, puis les officiers se détachaient et remettaient les couronnes aux citoyens stationnant sur la plate-forme. Les couronnes, à l'aide d'échelles, étaient disposées symétriquement, depuis la base jusqu'au faîte du monument.

Bientôt un drapeau rouge apparut au sommet, flottant sur la tête du *Génie* doré. Plus bas, on voyait un vaste écriteau, où se lisait, en lettres colossales :

VIVE LA RÉPUBLIQUE UNIVERSELLE !

Chaque bataillon avait ses orateurs. Il y eut là des discours remarquables. Aucun ne contenait de menaces ni de violences. Tous roulaient sur le même ordre d'idées. On y parlait des trahisons dont Paris et la France avaient été victimes, mais, surtout et avant tout, on y affirmait la démocratie, on y acclamait le principe de la République universelle et de la fédération des peuples.

Je ne pense pas mériter le reproche de sentimentalisme (1); mais j'avoue avoir éprouvé une vive et durable émotion, en voyant ce peuple qui venait de subir un long siége de cinq mois, encore tout chaud de la bataille, tout frémissant de la fièvre patriotique, tout bouillant de colère à l'idée que les Prussiens allaient occuper une partie du sol de la cité; en voyant, dis-je, ce peuple se jeter plus avant dans l'avenir, à mesure

---

(1) Le sentimentalisme, en politique, est la plus sotte chose du monde.

que le présent devenait plus odieux, plus affli-
geant.

A cet instant même où l'Allemagne lui faisait
une guerre de race, où Guillaume et ses agents
ne cachaient pas le désir et l'espoir d'anéantir la
France, que pensaient ces Français, que disaient
ces Parisiens ?

Ils proclamaient la *République universelle,* ils
proclamaient la *Fédération des peuples !*

En réponse aux obus de Bismark, ils offraient
à l'Allemagne la *Liberté,* la *Fraternité !*

A ceux qui leur apportaient la mort, ils apportaient la *vie !*

Sous le feu des canons Krupp, braqués contre
la grande cité révolutionnaire, ils confessaient la
Solidarité humaine!

Victimes de la force brutale, ils saluaient *la
Justice!*

Vaincus par la féodalité germanique, livrés
par la lâcheté et la trahison de tous les éléments
clérico-monarchico-réactionnaires, ils invoquaient
le *Droit* absolu.

Pendant que l'on conspirait leur perte définitive, dans l'ombre; pendant qu'on organisait
contre eux le mensonge, la calomnie et le
meurtre, eux, ils conspiraient, à ciel ouvert,
l'affranchissement de l'humanité !

Et, chose remarquable, leur patriotisme ne
s'en trouvait ni diminué, ni énervé.

Pensant que la *fédération* ne peut se fonder qu'entre autonomies indépendantes, qu'entre
peuples, debout et fiers, stipulant en pleine
liberté, en pleine dignité; s'ils conviaient le
Prussien, comme le Russe, l'Anglais, l'Italien,
l'Espagnol, à se ranger avec eux sous le drapeau
international de la République démocratique et

sociale, ils n'en étaient que plus résolus à faire respecter par les soldats de Bismark, l'intégrité de la France, l'honneur de Paris.

Ils ouvraient leurs bras à l'univers démocratisé, mais à condition que leurs bras ne fussent point chargés des chaînes de la conquête barbare, ou marqués des stigmates de la honte.

Qu'on ne m'accuse point d'exagération, ni d'enthousiasme intempestif : ce que je raconte, je l'ai vu, je l'ai entendu. Des centaines de mille témoins l'ont vu, l'ont entendu comme moi.

Si j'y insiste, c'est qu'à mes yeux, ces affirmations de la foule anonyme doivent être, désormais, les grands faits de l'histoire démocratique.

On les a trop négligés jusqu'à présent, on les néglige trop encore.

Ceux qui écrivent, en général, dominés à leur insu par la vieille tradition monarchique, féodale et bourgeoise, s'appliquent surtout à peindre les faits et gestes de quelques individualités marquantes, ou de quelques groupes à part.

On nous dit beaucoup ce qui se passait à la *Corderie*, ce que pensaient, ce que voulaient tels et tels, l'origine et les péripéties de la formation du *Comité central*, les agissements de certaines sections de l'*Internationale*, dont faisaient partie, naturellement, ceux qui en parlent. On oublie la rue et la foule, cet être anonyme, à millions de cerveaux qui conçoivent, à millions de bras qui luttent.

La Révolution, c'est le peuple; la Commune, c'est le peuple; la démocratie, le socialisme, c'est le peuple !

A côté des actes passagers et souvent discutables accomplis par les individus, il y a la pensée, la volonté de la foule.

Que pensait-elle ? Que voulait-elle ?

Tel est le problème que je me suis efforcé d'étudier et de dégager dans ces pages; tel est le but de ce travail.

Qu'on n'y cherche pas autre chose, et il en ressortira ceci, qu'alors même que les individus auraient commis des fautes, auraient péché par excès ou par insuffisance, l'idée conçue, rêvée par le peuple, l'idée à laquelle il a sacrifié des milliers d'existences, pendant une lutte longue, terrible, sans trêve, sans merci, cette idée est une idée grande, juste, généreuse, inattaquable, dont le triomphe est assuré pour un jour prochain.

Il en ressortira encore ceci, c'est que le peuple était absolument mûr pour la liberté qu'il réclamait, absolument digne de l'idéal nouveau représenté par le mouvement communaliste.

Je suivis donc avec un intérêt tout particulier les manifestations de la place de la Bastille, qui passèrent d'abord assez inaperçues, les journaux, au début, s'étant abstenus d'en parler, et les *reporters* qu'ils y envoyèrent par la suite, n'ayant vu là qu'un spectacle quelconque, qu'ils racontèrent comme ils racontaient jadis la fête du 15 août.

Ces manifestations, je le répète, prenaient cependant, chaque jour, un caractère plus marqué, plus universel, plus révolutionnaire. Tous les bataillons de Paris y envoyèrent des représentants, presque tous y vinrent au complet.

C'était la réponse de Paris à la conspiration royaliste de l'Assemblée de Bordeaux.

A ces gens qui refusaient de proclamer la République, et ne la toléraient qu'en l'insultant, parce qu'ils la croyaient à terre, sans force pour se défendre, la capitale de la France répliquait

par une affirmation unanime du principe républicain.

C'était aussi une consolation et une revanche
des défaites militaires.

Par un instinct peut-être un peu inconscient
chez la masse, mais qui n'en était pas moins
merveilleux et d'une immense portée, ce peuple,
écrasé sur les champs de bataille, se rejetait dans
l'idée révolutionnaire, et semblait comprendre
que la seule revanche, la vraie, l'infaillible, ne
pouvait sortir pour lui, que de la propagande
démocratique, que de l'expansion des grands
principes de droit et de justice. Il sentait que là
était le salut, que la France, même diminuée
territorialement, même frappée dans sa puissance
militaire, pouvait tout reconquérir et dominer
encore le monde, si elle savait reprendre, sans
faiblesse, son rôle d'initiatrice et d'apôtre de la
démocratie universelle.

Il cherchait ainsi à se venger noblement des
défaites matérielles par la victoire morale, en
prouvant à ses ennemis qu'il valait mieux qu'eux.

Depuis le 24 février, au matin, jusqu'au jour
de l'entrée des Prussiens, ces manifestations
allèrent en se développant; mais, je le répète,
sans une seule violence, sans que l'*ordre,* au
sens le plus étroit et le plus bête du mot, en fût
en rien troublé. Tout se concentrait sur la place
de la Bastille, tout consistait en un engagement
solennel pris par une population entière de défendre la République envers et contre tous, en
une sorte de splendide profession de foi démocratique et sociale, faite à haute voix par deux
cent mille hommes armés devant la colonne de
Juillet, devenue l'autel improvisé de la patrie en
deuil et de la souveraineté populaire menacée.

Cet engagement solennel, Paris devait le tenir jusqu'au bout, mais à quel prix !

Quelques agents provocateurs, quelques mouchards, ayant été surpris dans la foule, furent sévèrement punis, et justement.

Le peuple de Paris n'était plus d'humeur à supporter le contact immonde ou les insultes de cette police de boue, qui n'a été, entre les mains des gouvernements, qu'une conspiration permanente contre la liberté et la dignité des honnétes gens.

La majorité de la population bourgeoise elle-même était, d'ailleurs, plutôt favorable qu'hostile à ce mouvement puissant et paisible.

Les boutiquiers, devant leur porte, regardaient défiler les bataillons d'un air généralement bienveillant. Le soir, la boutique fermée, ils se rendaient, avec leurs femmes et leurs enfants, sur la place de la Bastille, se mêlaient aux groupes populaires, y prenaient part aux discussions, et pas une voix ne s'élevait pour défendre Trochu et ses collègues de l'hôtel de ville ou de l'Assemblée de Bordeaux.

Un seul boutiquier, habitant le boulevard Beaumarchais, marchand de vins restaurateur, ayant refusé de donner à boire à deux volontaires de Garibaldi et essayé de les chasser, quelques gardes nationaux fermèrent la boutique, clouèrent les volets et y collèrent un écriteau énonçant le méfait et la peine.

Tout cela s'accomplissait froidement, avec une résolution ferme, dépourvue de cris et d'agitation inutile.

Quelques soldats se mêlèrent aussi à ces manifestations, mais en petit nombre. Ceux qu'on voyait dans la foule écoutaient et regardaient, l'air hébété, sans comprendre.

Rien, en effet, ne peut rendre compte du néant moral et intellectuel de ces paysans qu'on arrache ignorants à leur charrue, pour les soumettre au régime immoral et stupéfiant de la caserne.

Sur ce sauvageon, auquel nulle culture n'a fait pousser de fruits, la discipline militaire a greffé l'idiotisme et l'avilissement.

Pour en faire une bête féroce, il ne manque plus que l'odeur de la poudre, la peur et quelques verres d'eau-de-vie (1).

Les marins, aussi peu instruits, aussi dominés par la discipline, montrèrent cependant une certaine supériorité intellectuelle.

Ils se mêlèrent davantage au mouvement.

Il y a chez eux un côté de fantaisie et une habitude de voir des choses nouvelles, qui les préparent à accepter avec une joie enfantine la nouveauté ! Ils la comprennent mieux; ils ont l'esprit plus ouvert.

L'inquiétude générale, en ce moment, dans Paris, était la crainte de quelque collision entre la garde nationale et les Prussiens.

Une ou plusieurs mains inconnues avaient couvert d'un crêpe noir le visage des statues de pierre qui, sur la place de la Concorde, représentent les principales villes de France, idée touchante et poétique, comme en trouve à la fois ce grand artiste dont le nom est à la fois *Personne* et *Tout le Monde*.

Dans les faubourgs, on paraissait résolu à recevoir les Prussiens à coups de fusil, quoique le moment fût passé de tenter cette résistance dés-

---

(1) On a pu le constater cent fois, notamment en décembre 1851 et en mai 1871.

espérée. Avant les élections, peut-être en serait-il
sorti le salut de la République, de la France.
Maintenant il y avait un prétendu gouvernement
régulier à Bordeaux, et cette collection de royalistes affolés de peur n'eût pas hésité à tendre la
main à Bismark pour l'aider à détruire la ville
révolutionnaire. Une résistance quelconque de
Paris ne pouvait aboutir, désormais, qu'à son
écrasement, sans bénéfice pour personne.

Il valait cent fois mieux conserver intacte,
pour une meilleure occasion, l'armée de la Révolution.

A présent que le peuple de Paris avait recon-
quis la libre possession de lui-même, et la volonté, ainsi que la percep ion nette du DEVOIR, il
fallait veiller avec un soin jaloux à ce que cette
force n'allât pas se briser inutilement contre un
obstacle passager.

Tous les hommes du parti avancé s'employè-
rent donc à calmer cette effervescence, à éviter
la possibilité d'une collision avec les troupes de
Guillaume.

On décida que la garde nationale formerait un
cordon autour de l'emplacement réservé à l'occupation prussienne, et, en lui confiant cette mission de surveillance qui donnait en partie satisfaction à sa susceptibilité patriotique, on parvint
à détourner l'orage.

Si l'on avait paru se défier d'elle, elle eût,
certes, tenté quelque coup de tête. En lui remettant à elle-même le soin de se contenir, de veiller
au salut, comme à l'honneur de la cité, on la
rendit immédiatement d'une sagesse exemplaire.

Elle comprit son rôle, elle le remplit de façon
à transformer en une véritable humiliation cette
fameuse occupation des Champs-Elysées que

Jules Favre avait concédée au roi de Prusse.

Cependant, la tension morale me semblait si grave, et l'attitude de la population avait pris un tel caractère, qu'il me parut impossible qu'on ne comptât pas à Bordeaux avec ce nouvel élément · de la situation politique.

Le gouvernement absent se faisait renseigner par ses agents, mais il gardait, ou dénaturait de la façon la plus infâme les renseignements parvenus jusqu'à lui.

Quant à l'Assemblée, elle était loin, et, quelque méprisable qu'elle fût, on pouvait supposer que la connaissance exacte de la vérité agirait sur elle.

On ne savait pas encore qu'elle était irrévocablement décidée à la guerre civile, qu'elle l'attendait avec impatience, qu'elle avait froidement *condamné à mort,* dans le sens strict et matériel du mot, l'héroïque garde nationale de Paris, pour la punir d'avoir voulu sauver la France et d'avoir sauvé l'honneur de la République.

D'autre part, les chefs du parti démocratique étaient presque tous à Bordeaux, où ils siégeaient sur les bancs de la gauche.

On ignorait également que ces hommes, qui avaient vécu à Paris pendant le siége, qui avaient vu la courageuse abnégation de la population et touché du doigt les infamies, les trahisons du gouvernement du 4 septembre, trahissant aussi leur mandat, étaient prêts à se mettre du côté de l'Assemblée contre Paris, étaient capables, deux mois plus tard, dans le sang jusqu'aux aisselles, de voter des remercîments. aux égorgeurs versaillais.

Sans croire outre mesure à ces représentants de la gauche, il y a un degré de turpitude auquel on ne suppose pas que des hommes, même

faibles, impuissants, égoïstes, ambitieux et peu-
reux, puissent descendre, lorsqu'ils ont derrière
eux tout un long passé de revendications démocratiques, d'objurgations contre le despotisme et
les répressions sanglantes du pouvoir.

Je crus, pour mon compte, qu'il fallait absolument que les représentants de Paris connussent
la situation VRAIE de Paris, et je me décidai à
partir pour Bordeaux, ce que je fis le jour même
de l'entrée des Prussiens.

En arrivant à Bordeaux, je constatai, en effet,
qu'on ignorait là ce qui se passait dans la capitale, ou qu'on le savait mal, lui attribuant un
caractère tout différent du caractère réel.

Je racontai les faits, et je m'efforçai d'en faire
connaître la portée. Un petit nombre de ceux à
qui je m'adressai comprit ou voulut comprendre,
et parmi ce nombre, je dois citer spécialement
Delescluze (1).

Les autres me reçurent assez mal. Il était
visible qu'ils avaient déjà fait leur siége, et que
cette brusque intervention du peuple de Paris les
gênait, en les forçant à sortir, d'une façon quelconque, des nuages commodes de l'opposition
parlementaire, derrière laquelle s'abritent, depuis
si longtemps, toutes les convoitises du pouvoir
et tous les compromis de conscience.

Les Louis Blanc, les Langlois, les Tolain et
consorts, voulaient rester députés et continuer
tout simplement, dans de nouvelles conditions,
le petit métier lucratif et sans danger exploité,
avant eux, durant vingt ans, par les Jules Favre,
les Jules Simon et les Picard.

L'attitude du peuple de Paris les arrachait à

---

(1) Je ne pus voir Félix Pyat.

ce doux rêve. N'allait-elle pas les forcer à se prononcer catégoriquement, à déchirer le voile qui convenait à la modestie de leur courage, à l'inanité de leurs convictions, à la réalité de leur égoïsme ?

Au diable, cet intrus brutal qui dérangeait toutes leurs petites combinaisons, et réduisait en poussière leurs finasseries de politiques lilliputiens.

Je constatai, d'ailleurs, immédiatement l'impuissance complète de la gauche. Elle était divisée en plusieurs petites coteries sans idées d'ensemble, sans plan, sans boussole, dominées par quelques individualités, parmi lesquelles Louis Blanc jouait le principal rôle, et un rôle d'énervement systématique.

Il gouvernait la gauche, à ce moment; il n'eût point gouverné la Révolution. Voilà, en deux mots, l'explication de toute sa conduite.

Aussi s'était-il bâti un petit plan à son usage particulier, dont il ne voulait pas se départir, et qui consistait à fonder une République par une série de concessions, sans limites comme sans pudeur. On a pu voir, d'ailleurs, l'exécution de ce plan, repris et développé par Gambetta, Louis Blanc étant de ceux qui se sont ralliés à Thiers, en gravissant un monceau de cadavres, pour arriver jusqu'au meurtrier, baiser ses bottes et lui offrir leur appui, disent-ils; leur abdication, dira l'histoire.

D'autre part, ainsi que me l'expliqua Delescluze, il était impossible de faire entendre à cette Chambre une parole sensée. Ses hurlements couvraient aussitôt la parole de l'orateur.

Les *malins* et les honnêtes gens s'en retiraient déjà, comprenant qu'on ne peut rester dans le ruisseau sans se crotter, et qu'il y a des égoûts qui asphyxient ceux qui voudraient les assainir.

Pendant les deux jours que je restai à Bordeaux, Gambetta, Ranc, Rochefort, Malon, Tridon, Victor Hugo, donnèrent successivement leur démission.

Les hommes de cœur restés à la Chambre pour tenter un dernier effort, ne devaient pas tarder à suivre cet exemple.

Je partis de Bordeaux, navré, après avoir constaté qu'il n'y avait rien à espérer de la minorité républicaine, qu'il y avait tout à redouter de la majorité royaliste, et me rappelant que Thiers était l'homme de TRANSNONAIN !

VII

PARIS ET LA FRANCE. — CAUSE ET NÉCESSITÉ DE L'IDÉE COMMUNALE.

En rentrant à Paris, je trouvai la situation sensiblement aggravée.

L'occupation prussienne était finie, la paix votée. Rien ne détournait plus les esprits de la politique intérieure, devenue le seul champ de bataille où il fût désormais possible de lutter contre ceux qui venaient de livrer deux provinces à l'Allemagne et de lui accorder cinq milliards, afin de pouvoir tourner plus vite et plus à l'aise toutes leurs forces contre la République et le peuple.

La question des canons était la grosse question.

I   5

Depuis le départ des Prussiens, les journaux de police réclamaient leur restitution à l'Etat, soutenant qu'il n'y avait plus aucun motif pour que la garde nationale en conservât la possession.

On affectait de parler avec terreur du camp retranché de Montmartre. On dépeignait ses batteries tournées contre la ville, comme une menace perpétuelle à l'adresse des habitants paisibles, comme une provocation à la guerre civile.

La garde nationale elle-même se trouvait assez embarrassée de cette situation anormale, et dont le danger frappait tous les yeux.

En effet, ainsi que je crois l'avoir nettement indiqué, l'enlèvement des canons n'avait eu, au début, aucun caractère politique. Œuvre spontanée d'un grand élan patriotique, cet enlèvement s'était accompli avec le concours matériel ou moral de la plupart des bataillons, et l'approbation générale de la population.

Il s'agissait seulement, alors, de les soustraire à la confiscation des ennemis de la France.

Depuis, la question avait changé. Il s'agissait maintenant de savoir si on les livrerait aux ennemis de la République.

Pour bien comprendre la situation, il faut résumer les divers sentiments qui agitaient le peuple de Paris, et dont nous venons, dans les chapitres précédents, de faire connaître les causes successives et nombreuses.

Pendant les cinq mois écoulés, Paris, séparé du reste de la France, replié sur lui-même, livré presque entièrement à ses propres forces, Paris avait beaucoup vécu du cerveau, beaucoup appris, beaucoup réfléchi.

Au sortir de l'Empire, qui avait joué les destinées de la patrie, dans un intérêt d'égoïsme dynastique, Paris était tombé entre les mains des hommes de la gauche. Ceux-ci avaient continué et achevé l'œuvre impériale, en livrant la capitale, en préparant la paix la plus honteuse dont notre histoire nationale fasse mention, depuis les tristes jours de la folie de Charles VI et des prostitutions d'Isabeau de Bavière.

De plus, le gouvernement de la défense nationale avait montré contre le peuple autant de parti pris et d'animosité que le gouvernement de Napoléon III, et le peuple, la démocratie, le socialisme, avaient dû reconnaître que la verge des républicains formalistes de la bourgeoisie ne valait certes pas mieux que le grand sabre du héros de Décembre et de Sedan.

Au milieu des circonstances les plus douloureuses, dans un moment tragique où les heures comptent pour des mois et les jours pour des années, Paris venait donc de constater que, si la dictature monarchico-militaire avait conduit la France à Sedan, la dictature bourgeoise pseudo-républicaine avait conduit la France à la paix de Bordeaux.

Il venait de constater encore que la République de Jules Favre n'aurait ni plus d'entrailles pour le peuple, ni plus d'intelligence des réformes sociales qu'une royauté quelconque, soit que cette royauté sortît des massacres d'une soldatesque avinée, comme en 1851, soit qu'elle sortît de la coalition des exploiteurs, des jouisseurs et des parvenus comme en 1830.

Il résultait de cette double expérience, que confier la gérance des intérêts et le salut des droits, soit au despotisme personnel d'un ambitieux, soit au despotisme oligarchique d'une caste, était une égale sottise, présentait le même danger, préparait

de semblables mécomptes et des souffrances pareilles pour l'avenir.

Paris avait donc appris le mépris absolu des
deux seules formes gouvernementales qui eussent
été jusqu'alors en présence dans notre pays : —
*La monarchie et la République oligarchique ou
bourgeoise.*

De l'une comme de l'autre, il n'avait rien à
espérer. Seulement, à l'avantage de la seconde,
il y avait ceci, c'est qu'elle pouvait se transformer
sans secousse violente, par le simple jeu normal
des institutions, et permettre au peuple d'y con-
quérir pacifiquement sa place légitime.

Du moins, le peuple l'espérait-il.

Paris donc, tout en haïssant, en méprisant
comme elle le mérite, cette duperie qu'on appelle
la République bourgeoise, tenait au mot de République et à la forme républicaine, dont l'élas-
ticité naturelle lui paraît se prêter aux efforts
croissants, aux progrès successifs.

Mais Paris venait, de plus, de passer cinq longs
mois entièrement séparé du reste de la France.
Pendant ces cinq mois de lutte contre les Prussiens et le gouvernement de l'hôtel de ville, il
avait eu la révélation de sa propre force, de son
énorme vitalité, de sa supériorité morale sur les
maîtres qu'il s'était donnés.

Ces maîtres, pour justifier l'exercice du pouvoir,
qu'avaient-ils fait ?

Ils avaient énervé la défense, gaspillé les ressources immenses de la capitale, livré cette
capitale aux Allemands, alors que la population
était prête aux plus grands sacrifices pour éviter
cette extrémité, et finalement jeté la France
meurtrie, vaincue, aux pieds de la réaction triom-
phante.

Le peuple de Paris comprenait enfin dans quel piége il était tombé, et comptait avec une lucidité cruelle les fils de la trame honteuse où il s'était laissé prendre.

Dans les groupes, pas une seule voix ne s'élevait pour défendre Jules Favre ou Trochu. Le verdict était unanime.

Vingt fois, cent fois par jour, vous pouviez entendre des citoyens s'écrier :

« Ah ! si nous avions su, au 31 octobre ! » et exprimer le regret positif, amer, que le mouvement n'eût pas réussi ce jour-là.

Le bandeau s'était déchiré. Paris voyait clair ; Paris voyait qu'il avait eu la force de se sauver, de sauver avec lui la France et la République, et qu'il n'avait pas su s'en servir à temps.

Paris voyait que si, au lieu d'accepter, suivant la vieille tradition monarchico-bourgeoise, un gouvernement en dehors et au-dessus de lui, il avait mis directement la main au gouvernail, dans la personne de ses représentants naturels, vivant au milieu de lui, agissant d'accord avec lui, imprégnés de sa volonté, emportés par le courant de l'opinion publique, il aurait évité presque tous les écueils où venaient de sombrer un grand peuple et une grande idée.

Paris voyait que tout ce qu'il avait demandé, tout ce qui eût été le salut, on le lui avait refusé.

Il avait demandé le rationnement : on lui avait imposé l'aumône à la porte des mairies.

Il avait demandé la guerre à outrance : on lui avait imposé la paix à tout prix.

Il avait demandé l'élection d'un conseil populaire communal, chargé de partager la direction et la responsabilité des opérations du siége : on lui avait imposé d'élire vingt maires et quarante

adjoints, sans action, sans autorité, qui, au lieu
de représenter les volontés du peuple, n'étaient
et ne pouvaient être que les exécuteurs des ordres
du Pouvoir.

Après le 4 septembre, comme après le 24 février, comme après 1830, comme depuis quatre-
vingts ans, en un mot, le gouvernement, sorti du
soulèvement populaire, s'était immédiatement
tourné contre le peuple, séparé de lui, retranché
dans une sorte de ciel inaccessible d'où il rendait
des décrets et disposait des destinées du pays, à
la façon d'un Dieu infaillible qu'on ne peut ni
contrôler ni surveiller, et qui, du haut de sa
sagesse omnipotente, ne doit de comptes à personne.

Lorsque tant d'hommes divers, à tant d'époques
différentes, agissent tous de même, dans les
mêmes circonstances, c'est que les hommes seuls
ne sont pas coupables, c'est qu'il y a un vice
fondamental dans les choses, c'est que le procédé
est mauvais, le moyen impropre, c'est que la
route suivie tourne le dos au but cherché.

Voilà ce que Paris commençait à comprendre
avec une étonnante netteté.

Il avait le dégoût profond, la défiance invincible
de toutes ces pseudo-révolutions, qui se résolvent
régulièrement en un simple changement de personnel, alors que la machine gouvernementale
et sociale conserve toutes ses allures, tous ses
rouages.

Que m'importe, après tout, qu'on change le
mécanicien, si la machine continue de me broyer ?

Que m'importe qu'on change le pilote, si le
vaisseau va se briser sur les mêmes écueils et
me submerge toujours au moment où je crois
toucher au port ?

D'autre part, comme je l'ai déjà indiqué, malgré la mauvaise volonté du gouvernement, son
incapacité, ses trahisons et sa conspiration permanente, Paris avait joui, pendant le siége, et
depuis la capitulation, d'une immense liberté de
fait.

Malgré les arrestations opérées à la suite du
31 octobre et du 22 janvier, malgré les journaux
supprimés et les clubs fermés, liberté de la presse,
droit de réunion et d'association, s'étaient, durant
une longue période, exercés dans leur plénitude,
sans qu'aucune loi restrictive eût été changée ou
abolie, à la vérité, mais par la simple force des
choses.

La fermeture même des réunions publiques,
après le 22 janvier, n'avait pas empêché les
citoyens de se réunir et de parler, selon leur cœur,
des affaires politiques.

Est-ce que chaque compagnie de la garde
nationale n'était pas un club permanent?

Est-ce que chaque poste, chaque corps-de-
garde n'était pas un lieu de réunion tout trouvé,
dont le bon plaisir du gouvernement ne pouvait
franchir l'enceinte ?

Les hommes de l'hôtel de ville, placés en face
d'une immense cité qui comptait de trois à quatre
cent mille hommes armés, parmi lesquels au
moins deux cent mille ouvriers des faubourgs et
démocrates de toutes les classes, n'avaient ni la
force de lutter contre cette puissance formidable,
ni même le loisir de le tenter avec quelque suite,
quelque ensemble, alors que les Prussiens bom-
bardaient la ville.

Depuis la capitulation et la fuite du gouvernement à Bordeaux, ç'avait été mieux encore. Paris
se régissait, se gouvernait absolument seul.

A partir du 4 septembre, la police avait disparu des rues. Le zèle, l'honnêteté, la surveillance volontaire des citoyens la remplaçaient. Or, pendant ces cinq mois, Paris avait joui d'une tranquillité sans exemple. Pas un délit contre les personnes, pas un délit contre les propriétés.

Jamais on n'avait vu les rues aussi sûres. A toute heure de la nuit comme du jour, on pouvait traverser avec assurance les quartiers les plus déserts, les plus mal famés en temps ordinaire. Même une femme seule se fût promenée à travers Paris entier, aux heures les plus indues, qu'elle n'eût pas été exposée à la moindre insulte.

Et cependant quelle horrible misère ! La famine régnait, la population prise en masse, manquait de tout.

Au milieu de ses angoisses patriotiques et de ses souffrances multiples, le peuple de Paris venait donc de jouir d'une liberté réelle, complète, universelle, qu'il n'avait jamais connue, et, tout en en jouissant, il sentait que ce n'était là qu'une tolérance qu'on pouvait lui retirer d'une seconde à l'autre.

Pourquoi cela? de quel droit?

Il s'en était montré digne. Le hasard des circonstances avait permis de tenter une vaste et décisive expérience, et de cette expérience, le peuple de Paris était sorti victorieux, converti à ses propres yeux.

Nul doute possible ! Ce peuple se montrait mûr pour toutes les libertés, pour toutes les réformes. La preuve en était palpable pour lui-même et pour le monde.

Sans transition, brusquement, par le seul fait de sa supériorité morale, de sa culture intellectuelle, on le trouvait prêt à supporter un régime qu'on disait incompatible avec son tempérament, exclusivement réservé aux Américains de race anglo-saxonne.

Quelle révélation, pour des hommes politiques, pour d'honnêtes gens, s'il y en avait eu à la tête de la France !

Débarrassé des entraves qui lient ses membres depuis dix-huit siècles, il marchait droit et ferme, et en mettant, pour la première fois, le pied sur cette terre promise de la Révolution sociale, on eût dit qu'il y était né, qu'il y avait vécu de tout temps, à voir avec quelle facilité il s'y mouvait, combien il y paraissait *chez lui*.

Il avait donc appris, non-seulement le mépris de l'*ancienne idée gouvernementale,* mais encore, il avait constaté ce que valent les *armées permanentes,* impuissantes à sauver le pays, à l'heure des grands désastres, ruineuses en temps de paix, instrument brutal de répression au service de tous les despotismes.

Il venait aussi de constater que la *police* n'est bien faite que par les habitants de la cité, que la police organisée en dehors d'eux ne sert qu'à molester les citoyens, qu'à inventer des complots lorsque le pouvoir en a besoin pour retremper sa popularité ou supprimer ses adversaires ; qu'elle est une menace perpétuelle à la liberté des honnêtes gens, une atteinte permanente à la dignité de l'individu toujours exposé à subir ses caprices avilissants, ses insultes et ses violences intéressées.

Paris, enfin, venait de constater que le ciel ne tombait pas sur la terre, et que le monde ne se trouvait ébranlé dans aucune de ses lois naturelles, parce que, lui, Paris, vivait depuis cinq mois, d'une *vie propre,* toute différente, au point de vue politique, social et moral, du reste de la France.

Ne voilà-t-il pas, en dehors de la question sociale, tout le programme communal ?

Donc, ce que Paris avait toujours rêvé d'une façon plus ou moins confuse, était *élucidé*, et Paris le *possédait*. Maître de lui-même, il avait pu entrevoir ce qu'il serait, s'il se régissait lui-même.

Il avait pu approprier, non pas encore ses institutions, mais déjà ses mœurs à son *tempérament, conformer sa vie à ses idées, constituer un milieu qui convînt à son développement moral et intellectuel.*

Tout à coup, il apprit que ce bonheur relatif allait cesser, que cette vision allait disparaître, que cette échappée sur l'avenir allait se murer !

Tout à coup, il apprit qu'il lui serait défendu de chercher dans les triomphes de l'idée, dans les victoires morales du progrès politique et social, une consolation aux défaites du champ de bataille, aux humiliations de la patrie, et de reconquérir sur le terrain sans limite des réformes de l'avenir tout ce que lui avait fait perdre, au point de vue matériel, le despotisme idiot et criminel de l'Empire.

Tout à coup, il apprit que lui, Paris, fils aîné du dix-neuvième siècle, il devrait subir, de nouveau, la loi des fils attardés du moyen-âge réunis à Bordeaux.

Tout à coup, il apprit que lui, le cerveau puissant, il serait obligé de rentrer dans la geôle intellectuelle où l'ignorance et une tyrannie savante ont, jusqu'à présent, parqué les populations des campagnes, illettrées, menées par le curé, à genoux devant le garde-champêtre représentant du maire, qui représente le préfet, qui représente le pouvoir central, qui représente le principe d'autorité, qui représente le passé, c'est-à-dire la force maîtresse du droit, l'esclavage politique, social et moral, la violence, la misère, le privilége.

En effet, Paris, qu'on accuse de gouverner la France, à qui on reproche d'imposer ses volontés à la France, a toujours été, jusqu'à présent, serf des serfs de la France.

Paris fait les Révolutions, mais la province fait les gouvernements. Les Révolutions durent trois jours ou trois mois : les gouvernements durent vingt ans.

Paris fait les journées de juillet 1830 : la province se livre aux d'Orléans et maintient Louis-Philippe pendant dix-huit années.

Paris fait le 24 février et les journées de juin 1848 ; la province lui envoie ses Falloux, ses mobiles et Louis-Napoléon Bonaparte.

Paris proclame la République ; la province lui répond par les pontons de Cavaignac et l'Empire.

Pendant vingt années, Paris vote contre l'Empire, et pendant vingt ans la province consacre l'Empire par la nomination des candidats officiels et deux plébiscites dont on connaît les écrasantes majorités.

Pendant ces vingt ans, Paris républicain, révolutionnaire et socialiste, est donc contraint de subir le gouvernement personnel, despotique, réactionnaire et avilissant que la province juge à propos de lui envoyer.

Pendant ces vingt ans, la population parisienne, en guerre avec ce gouvernement étranger, qui n'est point son fait, qui viole sa conscience, qui insulte à toutes ses croyances, subit le sort d'une ville conquise, à la merci des sergents de ville et des mouchards de Bonaparte. Des Pietri la mettent en coupe réglée, inventent des complots pour arrêter les plus honnêtes gens, arrêtent pour inventer des complots, lachant sur la foule une meute de Corses qui assomment à coups de casse-tête, ou lardent à coups d'épée les passants, quand l'Empire a besoin d'un semblant d'émeute ou M. Lagrange d'une augmentation de salaire.

Paris fait le 4 septembre et proclame une seconde fois la République.

La province nomme l'Assemblée de Bordeaux, qui refuse de reconnaître la République, et affirme hautement son intention de rétablir la monarchie.

Paris veut la guerre, endure la famine et donne son sang pour sauver l'honneur de la France et l'intégrité du territoire national ; la province vote la paix, cinq milliards d'indemnité aux Prussiens, la cession de l'Alsace et de la Lorraine.

Ce n'est pas tout.

Le gouvernement issu de la province vient provoquer Paris jusque dans ses murs, en lui envoyant, comme autant de menaces, comme autant de soufflets, les hommes dont la présence peut lui être le plus exécrable.

C'est Vinoy, complice du coup d'État de Décembre, signataire de la capitulation du 28 janvier, qu'on lui donne pour gouverneur.

C'est Valentin, ancien gendarme de l'Empire, qu'on met à la tête de la préfecture de police, quand Paris ne veut plus d'autre police qu'une police municipale et civique.

C'est d'Aurelle de Paladines, un général bonapartiste également, destitué par Gambetta, soupçonné par tout le monde, que l'on nomme général en chef de la garde nationale, quand la garde nationale méprise à juste raison les généraux et l'armée, et réclame le droit indéniable de nommer elle-même son chef suprême.

C'est tout ce que Paris aime et veut, qu'on lui bafoue et qu'on lui retire.

C'est tout ce que Paris a défendu du plus pur de son sang, durant cinq mois d'un siége plein d'angoisses et de souffrances cruelles, qu'on traîne devant lui dans la boue et qu'on s'apprête à fouler aux pieds.

Des vœux de cette grande ville, qui compte à elle seule presque autant d'habitants que certains pays indépendants, qui représente, en nombre, le dix-huitième de la population française, et à qui personne ne conteste d'être la portion la plus éclairée et la grande valeur intellectuelle de la patrie commune; des vœux de cette ville, on ne tient aucun compte. Non-seulement ils sont comme non avenus, mais encore on n'a pas même pour eux les égards de forme qui adoucissent le refus et permettent de l'accepter sans en être avili.

Loin de là, on affecte de retourner le fer dans la plaie, de joindre l'affront au déni de justice, de mêler agréablement la provocation impudente à la violence des actes, de frapper la joue en même temps que le cœur.

Cette histoire est l'histoire de Paris depuis quatre-vingts ans !

Voilà comment Paris gouverne la France et exerce sur elle cette fameuse dictature qu'on lui reproche avec une si amère ironie.

Paris est la chose, le jouet et la victime de Quimper-Corentin, de Brives-la-Gaillarde, du dernier hameau du département le plus arriéré, le plus encroûté dans l'ignorance et l'hébétement religieux.

Avec le système unitaire et le régime centralisateur, il n'en peut être autrement.

Ce chancre, la Centralisation, dévore et tue la France.

La France représente, à l'heure actuelle, un grand corps anémique, exsangue, à demi paralysé, dont toute la vie s'est réfugiée dans le cerveau.

Les membres n'obéissent plus au cerveau, c'est le cerveau qui se trouve cloué sur place par ces membres déshabitués du mouvement, inhabiles à l'action, opposant la révolte de l'inertie aux révolutions de l'idée.

Une tête qui pense sur un cadavre !

Et, chose inouïe, la province n'est pas coupable ! Elle n'est que malheureuse ! Elle subit, comme Paris, une fatalité, dont il suffirait de l'affranchir, pour qu'elle marchât bientôt d'un pas égal à Paris.

Paris, en effet, n'est pas d'une autre race que le reste de la France. Le *Parisien* d'origine est une minorité, même à Paris. C'est la province, au contraire, qui alimente Paris. Beaucoup de ces hommes qui luttent et qui meurent pour la Commune de Paris sont nés à tous les bouts de la France.

Paris les a attirés comme l'aimant attire le fer. Ils s'y sont imprégnés de son atmosphère, ont subi, dans cet admirable creuset, une sorte de rénovation, se sont nationalisés sur ce sol fécond, et font aujourd'hui corps avec lui, nourris de sa sève, échauffés de son ardeur, marqués de son empreinte.

Ce qu'ils sont à Paris, ils l'eussent été chez eux, mais chez eux l'air respirable manque, le sol est pauvre, l'espace, le milieu leur font défaut.

Cette œuvre criminelle de l'appauvrissement

intellectuel et de l'étouffement politique de toute une nation, fut l'œuvre du Bonaparte de Brumaire. Depuis, la bourgeoisie l'a continuée avec une redoutable sagacité.

Nos malheurs proviennent de ce fait que la première Révolution, enrayée au milieu de son œuvre par la réaction thermidorienne, mère jésuitique et prototype sanglant de toutes les réactions qui ont suivi, a créé un nouveau milieu politique, sans avoir eu le temps d'en assurer l'accès au peuple.

A peine ce milieu était-il créé que la bourgeoisie s'y installa et en garda sauvagement les abords contre le peuple.

La Révolution avait décrété la liberté de penser et l'égalité devant la loi.

Pour que ces grands principes ne fussent pas de vains mots, il fallait que le peuple apprît à penser et devint apte à jouir de cette égalité inscrite dans le Code, mais que l'ignorance et le servage du travail livré sans garantie au capital omnipotent, ont mis hors de sa portée.

L'œuvre de tous les gouvernements, depuis thermidor, fut de maintenir cette inégalité économique et cette inégalité de niveau intellectuel qui rendait dérisoire pour la masse, l'égalité politique dont on faisait si grand bruit.

Le droit théorique est une fort belle chose... dans les livres et dans les Constitutions, mais, en réalité, ce n'est rien, si je suis dépossédé de la faculté, de la possibilité d'en user.

Or, pour un homme privé d'une certaine instruction, pour un homme astreint à l'esclavage de la misère par le salariat qui ne lui laisse aucun moyen matériel ni moral d'améliorer sa situation, il n'y a ni liberté, ni égalité.

Dans de semblables conditions, la souveraineté populaire est un mensonge, le suffrage universel une duperie, plus dangereuse peut-être que la brutalité cynique des anciennes lois franchement négatives.

La Révolution économique ou sociale n'ayant pas suivi immédiatement la Révolution politique, et la direction étant passée des mains de la noblesse de naissance aux mains des possesseurs d'écus, il en résulta que les nouveaux maîtres s'appliquèrent, par tous les moyens possibles, à maintenir ces différences de niveau intellectuel qui, dans les sociétés modernes, remplacent la division par castes.

Au lieu d'avoir trois degrés dans l'État, *noblesse, clergé, tiers-État,* on eut deux grandes divisions : — les *lettrés* et les *ignorants,* les *riches* et les *pauvres.*

Ces divisions heureusement ne sauraient avoir rien d'absolument fixe. Aussi, malgré les efforts de la haute bourgeoisie, la lumière filtra peu à peu dans certains centres, à Paris, par exemple, et dans quelques grandes villes.

Là, malgré tous les efforts, je le répète, malgré l'insuffisance des salles d'école, malgré la niaiserie calculée de l'enseignement primaire, remis en partie aux membres du clergé, il y a un tel courant d'idées, que l'éducation du peuple se fait par le contact et par les yeux.

On pourrait presque dire qu'elle est dans l'air, qu'elle se respire, qu'elle entre dans le cerveau, en même temps que l'oxygène dans les poumons.

Mais pendant que ces centres peu nombreux progressent nécessairement, pendant que la vie intellectuelle y afflue, la masse du pays reste stationnaire ou recule sous la double action combinée d'une centralisation effroyable et de la conspiration permanente de tous les privilégiés contre l'affranchissement moral, avant-coureur de l'affranchissement matériel.

La Centralisation, l'Unité, un Pouvoir *fort,* sont, en effet, les grands instruments du despotisme, la condition *sine quâ non* de son existence.

Le premier Bonaparte, qui voulait rétablir le principe d'autorité, ne s'y trompa point. Il *centralisa,* il *unifia,* il passa le lourd rouleau administratif sur le pays entier, écrasant toutes les aspérités, nivelant toutes les saillies, anéantissant toutes les initiatives.

Les citoyens, éloignés du Pouvoir réfugié à Paris, au-dessus de la nation aplatie, dans un lointain mystérieux et favorable, n'eurent plus aucune occasion de faire leur éducation politique, de se développer, de se former par les luttes fécondes de la vie publique. Leur activité, détournée de son but le plus noble, le plus élevé, se cramponna forcément aux petites choses de la vie matérielle, du combat individuel, égoïste, pour la conquête du morceau de pain et du bien-être physique.

En face du Pouvoir un, il y eut une nation émiettée à l'infini, réduite en poussière, où l'individu, devenu grain de sable, appartint inerte à l'action des forces centralisées aux mains de quelques-uns.

L'ignorance, au lieu de diminuer, s'aggrava, en ce sens que le progrès marchant à pas de géant dans un ou deux centres privilégiés, l'abîme qui séparait ces centres de la masse de la nation alla toujours en se creusant, en s'élargissant.

L'instruction resta livrée aux *bonnes sœurs,* aux *ignorantins,* ou à de malheureux instituteurs. Ceux-ci, mal payés, affamés, domestiques du curé, tremblant de déplaire au garde-champêtre, au maire, au recteur, à l'évêque, au ministre, se découragèrent, s'abaissèrent, et l'instruction distribuée par ces mains perfides ou impuissantes, loin d'être un danger pour le Pouvoir, devint son meilleur appui, en faussant les intelligences qu'elle atteignit.

De la sorte, quatre-vingts ans après la grande Révolution, on pourrait comparer la France à un immense désert où percent quelques oasis, représentés par deux ou trois grandes villes.

Plus on a marché, plus l'œuvre est devenue difficile, par cette raison que les différences de niveau ont été en s'augmentant.

Pendant que la centralisation administrative broyait les caractères, annihilait les vertus nationales, et créait à *l'extérieur* une unité factice sur les débris de l'initiative privée, *l'unité intellectuelle et morale* se brisait en mille morceaux d'inégale grandeur, que rien ne reliait plus entre eux.

En effet, qu'y a-t-il de commun entre un hameau de la Basse-Bretagne et un faubourg de Paris? Rien que l'écrasement uniforme sous Bonaparte, Thiers, Mac-Mahon ou le maître quelconque du gouvernement.

D'un autre côté, la Révolution avait, en partie, rendu la terre au paysan.

De serf, il était devenu propriétaire, propriétaire accablé d'impôts, rongé par les hypothèques et l'usure, affamé sur le champ où il use ses forces, il est vrai, mais enfin propriétaire et maître chez lui, après l'Etat, le percepteur et le juif!

Le paysan a donc gagné, ou, plutôt, croit avoir gagné à la Révolution, tandis que l'ouvrier des villes, lui, n'a absolument bénéficié en rien de la nouvelle situation, puisqu'il n'est point devenu propriétaire de son instrument de travail, et qu'il reste attaché à la glèbe du capital, comme jadis le paysan à la glèbe du seigneur.

Cette restitution apparente de la terre au paysan, opérée seule, dans de mauvaises conditions, avec une ignorance complète des lois économiques véritables, a eu l'effet qu'elle devait avoir, du moment où elle n'était pas suivie d'une réorganisation uniforme du milieu social.

Au lieu d'affranchir réellement le paysan, elle a été un boulet auquel il s'est rivé, qui arrête sa marche, qui l'immobilise, mais qui flatte sa manie d'ancien esclave voyant la liberté et la dignité dans la *possession*, sans s'inquiéter de savoir s'il ne paie pas cette possession plus cher qu'elle ne vaut.

Devenu propriétaire, quoique trop petit propriétaire pour être affranchi du servage d'un travail excessif qui absorbe toutes ses forces, toutes ses facultés; devenu propriétaire dans un milieu où la propriété est un privilége inique, un simple abus de l'égoïsme individuel; devenu propriétaire avant d'avoir pu développer son intelligence et retremper sa conscience dans le grand courant des idées modernes, ce champ qui paraît l'affranchir matériellement, l'a asservi moralement.

Serf autrefois, il rongeait son frein et se sentait solidaire de quiconque souffre, de quiconque est exploité.

Propriétaire aujourd'hui, il s'est fait complice de tous les exploiteurs, et conservateur forcené, sans choix, sans raisonnement, sans mesure, de peur qu'on lui enlève ce morceau de terre, — son idéal, sa passion, SON BIEN!

Il ne comprend pas qu'il en est la première victime. Il ne comprend pas que ce champ n'est qu'un leurre, à peine suffisant à sa vie matérielle, et qui le pousse à abdiquer devant tous les pouvoirs, toutes les tyrannies, toutes les iniquités.

Il ne comprend pas que les mauvais gouvernements et les mauvaises lois font les lourds impôts qui le ruinent, qui le maintiennent en infériorité vis-à-vis du châtelain et du gros propriétaire.

Il ne comprend pas que son champ et son travail appartiennent en réalité au fisc, et qu'il souffre directement de tous les priviléges odieux dont il s'est fait partisan du jour où on lui a persuadé qu'il avait sa place au banquet des privilégiés.

Jadis, il courait sus aux châteaux.

Aujourd'hui, il monterait volontiers la garde à la porte du château, se figurant son arpent de vigne ou de blé solidaire du parc seigneurial, sa chaumière solidaire du château.

Jadis, il se levait à la voix du peuple de Paris démolissant la Bastille.

Aujourd'hui, déguisé en soldat, il égorge avec une férocité implacable l'ouvrier révolté des villes, se figurant que cet ouvrier veut lui ravir la terre, le dépouiller de sa propriété.

Cette situation explique toutes les Révolutions qui se sont succédé en France, depuis 89, et leur avortement.

La Centralisation a tué la vie en province. La pensée nationale s'est disloquée. Elle abonde à Paris, à Lyon, à Marseille.

Elle est morte ailleurs.

Les aspirations ne sont plus unanimes, uniformes. Le paysan se croit des intérêts différents de l'ouvrier des villes.

Le *niveau matériel* a détruit le *niveau moral*.
Il y a congestion ici, anémie là.

Il en résulte que les centres avancés sont soumis à la masse arriérée, que les Béotiens gouver-
nent Athènes, que le cerveau obéit aux membres,
que les élans les plus magnifiques aboutissent aux
chutes les plus effroyables, et que, si nous ne sor-
tons pas de la vieille conception monarchique,
autocratique, bourgeoise de l'Etat fondé sur l'unité
et la centralisation, la France, la Révolution
périront, après avoir jeté dans le monde le germe
de toutes les grandes idées d'affranchissement
social.

Pour guérir ce mal qui nous tue, pour rétablir
l'équilibre rompu, pour ramener le niveau intellectuel, cette unité de sentiments et d'aspirations,
qui sont le seul niveau et la seule unité légitimes,
il faut sortir carrément de la vieille politique,
entrer dans la voie nouvelle dont le 18 mars a jeté
les bases.

Il faut en venir à l'application résolue des principes inscrits sur le drapeau de la Révolution
sociale :

*Affranchissement du travailleur par le travail-
leur, — autonomie du groupe.*

C'est-à-dire restitution de l'activité, de l'indépendance aux forces vives de toute nation, *sub-
stitution à l'Etat de la libre fédération de ces
forces,* dont le siége naturel est la Commune.

Ces idées, la propagande de l'*Internationale*
en avait jeté, depuis quelques années, le germe
dans la population. Le siége et ses suites en
avaient démontré la vérité, et les violences des
ruraux réunis à Bordeaux, faisant d'avance prévoir à quel régime odieux la France était destinée,
apprenaient à Paris quel serait son sort poli-

tique et social sous la République de M. Thiers.

C'était une de ces situations uniques dans l'histoire d'un peuple, et qui décident de l'avenir.

Paris se trouvait placé entre trois routes, avait le choix entre trois résolutions.

Il avait à rendre ses canons et ses armes, à rentrer sous le joug, humble et soumis, sachant qu'il laissait la France et la République submergées sous cette fange réactionnaire que toutes les tempêtes politiques, dans notre malheureuse patrie, arrachent des bas-fonds de la peur et de la stupidité, et jettent à la surface.

Il avait à tenter une nouvelle Révolution, à l'ancienne mode, à charger ses fusils, à déclarer non avenues les élections du 8 février, à marcher contre l'assemblée de Bordeaux, à la chasser par les fenêtres.

Le premier moyen, c'était l'abdication, c'était le suicide, c'était une lâcheté.

Un peuple, pas plus qu'un homme, n'a le droit de déserter sa mission, de détourner la tête quand on le menace, de fermer les yeux quand on le frappe, de s'agenouiller dans la boue devant ceux qui veulent lui prendre son honneur, enchaîner ses membres, attenter à sa conscience.

Le second moyen n'était point pratique, d'une part, et, d'autre part, je viens d'expliquer que Paris ne croyait plus guère, après tant de Révolutions avortées, à l'efficacité de ces grands soulèvements qui lui donnent la dictature pendant huit jours, et qui le livrent à la réaction pendant vingt ans.

Cette Révolution accomplie, en admettant qu'elle fût possible, il aurait fallu recourir à de nouvelles élections, et ces élections eussent été ce qu'elles avaient été jusqu'alors, ce qu'elles seront toujours tant qu'on persévérera dans le vieux système (1).

D'ailleurs, tant que la forme républicaine n'était point abolie, quel prétexte a une semblable Révolution, et quel résultat en attendre (2) ?

Une quatrième proclamation de la République aussi vaine, aussi inutile que les précédentes?

Proclamer la République, n'est rien. Le tout est de la fonder, et elle ne se fondera que sur le terrain des réformes socialistes, qu'à la suite d'un remaniement complet de toutes nos institutions.

Or, ce remaniement ne sortira jamais probablement des délibérations d'une assemblée de représentants qui, nommés en vertu de la centralisation et de la dictature de l'Etat, discuteront, promulgueront une Constitution comme nous en avons eu déjà deux ou trois douzaines — qui, devenus gouvernement, par le fait de leur nomination, *resteront gouvernement,* c'est-à-dire partageront du plus au moins les préjugés de tous les gouvernements, en adopteront les errements sous de nouvelles étiquettes, — au mieux-aller créeront, à côté de l'ancienne ornière, une

---

(1) Il ne faut pas se faire d'illusion à cet égard, parce que les journaux français font grand bruit avec les élections *républicaines* de la province.

Ces élections envoient tout simplement des hommes de la nuance Thiers à la nuance Gambetta, sauf quelques exceptions. Ce sont des bourgeois formalistes, centralisateurs, unitaires, anti-socialistes, dont le programme antique n'a rien de commun avec les aspirations de Paris et du peuple dans les grands centres, avec les besoins nouveaux des sociétés à venir.

Ces élections prouvent seulement que la province s'accoutume au mot de République et n'en a plus peur, et c'est un progrès que je suis loin de nier; mais si elles assurent une certaine forme politique plus ou moins libérale, elles ne vont pas plus loin.

(2) Sous une République, quelle qu'elle soit, il n'y a plus de révolutions *politiques;* il ne peut y avoir que des révolutions *sociales,* dont le procédé, la marche et le développement sont tout différents.

nouvelle ornière où chavirera l'avenir démocratique.

Paris ne pouvait pas accepter le premier moyen, indigne de son courage, et ne voulait pas essayer du second, qu'il jugeait impraticable, inutile, inefficace.

Paris se décida pour un troisième moyen.

Il résolut, tant qu'on ne toucherait pas à la forme politique, c'est-à-dire à la République elle-même, de laisser agir le gouvernement élu par le reste de la France, et de se cantonner, quant à lui, dans son droit personnel, absolu. Il résolut d'inaugurer le grand mouvement d'autonomie communale, qui peut seul résoudre les problèmes modernes, en donnant au peuple sa part exacte de pouvoir, en restituant à tous les groupes naturels leur part légitime d'activité, — Révolution profonde qui pousse ses racines dans les entrailles mêmes de l'humanité, et qui peut s'accomplir sans violence, sans dictature, presque sans secousse.

Paris résolut donc, en un mot, de rester calme devant toutes les provocations, prêt, sur le terrain politique, à défendre la République si elle était menacée ou renversée, ne demandant d'abord que deux choses, absolument légitimes et même strictement légales : — la conservation de ses armes, la nomination d'un conseil municipal chargé de l'administrer et de faire la police intérieure.

Il est facile de comprendre, en effet, que, devant Paris armé et en état de s'administrer régulièrement, à sa guise, la réaction se fût trouvée contrainte à quelque pudeur.

D'abord, la forme républicaine était sauvée, et c'était là un grand point, puisqu'il n'y avait plus à s'occuper de combattre ou de renverser une monarchie.

Ensuite, grâce à cette forme à laquelle la France s'habituait, on pouvait espérer avant peu de nouvelles élections plus honorables, assez libérales, qui, en relâchant certains liens gênants, auraient permis peu à peu de mettre pied sur le terrain socialiste et d'obtenir plusieurs concessions d'abord médiocres, mais qui se seraient élargies par l'usage.

Enfin, en mettant les choses au pire, Paris, par cela seul qu'il aurait conservé ses armes, aurait pu, le jour venu, imposer jusqu'à un certain point sa volonté, peser sur les décisions générales, en tout cas assurer sa propre indépendance et faire respecter l'application intérieure de ses idées.

Il ne se fût pas trouvé à la merci des quatre ou cinq cents momies enragées, que les malheurs de la France avaient arrachées à leur sépulcre villageois.

Dans tous les cas, et sans aller plus loin ni entrer dans aucune considération d'un ordre trop élevé ou trop général, Paris mis en suspicion, en accusation par l'Assemblée de Bordeaux, insulté, vilipendé, menacé, alors qu'il venait de remplir son devoir, plus que son devoir, pour le salut commun, Paris avait le droit indéniable de veiller à sa propre défense, en vertu de cet axiome qui reconnaît à chaque être, physique ou moral, le droit de sauvegarder son existence.

Ce droit est plus qu'un principe, c'est un instinct mis par la nature au sein de tout ce qui vit, et cet instinct s'appelle *l'instinct de la conservation personnelle.*

Au mois de mars, Paris était donc loin, ainsi

I   6

que je viens de le démontrer, de songer à une insurrection, à une révolution violente.

Il ne voulait pas périr, voilà tout!

Il était décidé à repousser la force par la force, mais décidé aussi à respecter le gouvernement légal que lui imposerait la France, à condition que ce gouvernement, de son côté, respectât l'existence, l'intégrité et la dignité de Paris.

FIN DU PREMIER VOLUME.

TABLE DES MATIÈRES

www.ingramcontent.com/pod-product-compliance
Lightning Source LLC
Chambersburg PA
CBHW071823090426
42737CB00012B/2166